내일이 보이지 않을 때
당신에게 힘을 주는 책

내일이 보이지않을 때

당신에게
힘을 주는 책

Positive

장바이란 지음 | 김정자 옮김

정민
미디어

어지러운 세상, 매일 눈코 뜰 새 없이 바쁜 나날을 보내느라 우리는 점차 자신을 잃어간다. 도시의 고층 빌딩과 꼬리를 무는 차량 행렬에만 정신이 팔려 더는 내면의 소리에 귀를 기울이지 않는다. 성공과 승리에 목말라 열심히 좇고 싸우며 무언가를 얻기도 하고 잃기도 한다. 늘 두려운 마음을 품은 채 이해득실의 갈림길 앞에서 어디로 가야 할지 몰라 헤맨다. 바람에 흔들리는 것은 먼지가 아니라 우리의 마음인 것도 모른 채 말이다.

세상 만물은 순리를 따르게 되어 있다. 그러니 매사에 대범하고 의연한 태도를 갖추어야 한다. 총애나 모욕을 받아도 놀라지 말고 차분하게 마음을 가라앉히자. 이해득실에 연연하지 않고 욕심을 내려놓을 때 편안함과 자유로움을 느낄 수 있다.

마음이 편안해야 중요한 결정을 할 때 상황을 제대로 분석하고 정확한 판단을 내릴 수 있다. 마음이 편안해야 절망 앞에서 비관하거나 자포자기하지 않고 새로운 문을 열 수 있다. 마음이 편안해야 충동 앞에서 이성을 유지하며 한 걸음 물러나 여유를 즐길 수 있다. 마음이 편안해야 바쁜 상황에서도 망중한을 누리며 느긋하면서도 단호하게 마음속에 쌓인 먼지를 날려 보낼 수 있다. 마음이 편안해야 욕망과 허영심을 통제하며 만족감을 느낄 수 있다. 마음이 편안해야 성공과 실패에 연연하지 않고 자유롭게 웃을 수 있다.

천천히 걸으며 비 오고 바람 부는 인생의 풍경을 자세히 관찰해보자. 잠들어 있는 생각을 깨우고 반복되는 인생의 성공과 실패를 태연하게 바라보자. 이 소란스러운 세상에서 평온함을 유지해보자. 독서를 통해 마음의 안정을 찾아보자.

이 책은 동서고금의 이야기와 생생한 사례가 엮인 인생의 지혜를 전달한다. 또한 마음속에 숨어 있는 시내와 꽃밭을 찾도록 도와줄 것이다.

마음이 편안하면 언제나 즐거울 수 있다. 자, 가슴을 펴고 평온한 마음으로 책을 펼쳐보자. 즐거운 여행이 시작될 것이다!

CONTENTS

PART 2 세상이 소란스럽다면 마음을 고요하게 다스려라

PART 1

세상이 소란스럽다면
마음을 가라앉혀라

마음을 가라앉히면 거센 바람을 타고 위태롭게 일렁이는 험난한 파도가 아니라, 고요한 호수 위에 가볍게 출렁이는 잔잔한 물결을 느낄 수 있다. 또한 어지러운 세상에서 침착하고 우아한 자세를 유지하며 조급한 마음을 완화할 수 있다. 그러니 잠시 하던 일을 멈추고 차분하게 마음을 가라앉히자.

중요한 결정을 해야 할 때 우리는 이리저리 헤매고 방황한다.
중요한 결정 앞에서는 차분하게 마음을 가라앉혀보자.
외부의 소리가 아닌 마음의 소리에 귀 기울이면 옳은 길이 보일 것이다.

당신은 유일한 존재이다

자신의 본 모습을 포기하고 남들과 같아지려 하는 것은
연燕나라 사람들이 한단邯鄲 사람의 걸음걸이를 억지로 흉내 내거나
동시東施가 서시西施를 어설프게 따라 하는 것과 같다.

한 철학자가 말했다.

"이 세상에서 당신은 유일한 존재예요. 이제까지 당신과 똑같은 사람은 없었으며 앞으로도 그럴 거예요. 영원히 당신과 완벽히 일치하는 사람은 없을 겁니다."

안타깝게도 이런 진리를 이해하지 못하는 사람이 많다. 자신이 세상에 유일무이한 존재, 자신이 원하는 것이 무엇인지조차 모르고 그저 남들의 말과 행동을 따라 하며 살고 있는 것이다.

자신의 가치를 부정하고 다른 사람의 모조품이 되길 자처한다면 마음의 길을 잃고 이리저리 헤맬 뿐이다. 현대인들이 마음의 안정을 찾지 못하는 이유도 바로 여기에 있다. 교육학자 앙글로

패트릭은 말했다.

"남들과 같아지기 위해 또는 자기 외의 다른 무언가가 되기 위해 노력하는 것만큼 힘든 일은 없다."

큰 키에 통통한 볼살을 소유한 엘리사는 사람들에게 예쁘고 친절하다는 인상을 주었다. 출중한 외모와 몸매 덕분에 할리우드 매니지먼트사로부터 미인 대회에 나가보라는 제안을 받았다. 엘리사는 선뜻 할리우드로 건너가 미인 대회에 참가하게 되었다.

대회는 그야말로 각지의 내로라하는 미인들이 다 모여 있는 것 같았다. 치열한 경쟁을 뚫은 그녀는 최후의 5인 결승전에 올랐다. 주최 측에서는 보름간의 휴식 시간 겸 준비 기간을 주었다.

엘리사는 경쟁자들의 특징을 일일이 분석했으며 그중 맨더스라는 상대를 잠정적인 경쟁자로 삼았다. 맨더스는 뼈가 드러날 정도로 마른 체형이었지만 도도하고 신비한 매력으로 심사위원단의 호평을 받아왔다. 그녀에게 열등감을 느낀 엘리사는 자신의 통통한 볼살을 빼지 않는 한 맨더스와 같은 신비감을 주지 못할 것이라는 생각에 휩싸였다. 결국 그녀는 보름 동안 다이어트를 해서 맨더스처럼 마른 체형이 되어야겠다고 마음먹었다.

그녀는 식사를 거르는 등의 혹독한 다이어트를 거쳐 5킬로그램 감량에 성공했다. 그런데 대회 당일 그녀를 본 매니지먼트 관계자는 깜짝 놀라고 말았다.

"왜 이렇게 변했어요?"

무리한 다이어트로 그녀의 몰골은 말이 아니었다. 안색이 어두웠으며 양 볼이 움푹 패고 피부도 탄력을 잃고 말았던 것이다.

"당신이 우승 후보였는데 지금 상태로는 불가능하겠어요. 당신의 귀여운 볼살은 말라깽이 같은 다른 후보들과 당신을 차별화하고 매력을 돋보이게 해주는 포인트였어요. 그런데 당신은 당신의 장점은 보지 못하고 남들과 같아지려고 노력했군요. 좋은 결과는 기대하기 힘들겠어요."

결과는 그의 예상대로였다.

아무리 뛰어난 사람이라도 자신의 장점을 깨닫지 못한다면 결국 타인의 '짝퉁'이 될 뿐이다. '가품'이 될 것인가, '정품'이 될 것인가? 인생의 중요한 선택을 앞두고 있다면 차분히 마음을 다스리고 깊이 생각해봐야 한다. 마음을 가라앉히고 내면의 소리에 귀를 기울이면 자신이 진짜 원하는 게 무엇인지 알게 될 것이다. 나는 결코 다른 사람이 될 수 없으며 다른 사람이 될 필요도 없고, 실제로 다른 사람을 대체할 수도 없다. 자신의 본 모습을 지키는 것이 가장 좋은 결과로 이어진다는 사실을 기억하자.

이탈리아의 유명한 영화배우 소피아 로렌은 1950년대부터 60여 편의 영화를 찍었으며, 연기력을 인정받아 1961년 오스카 여우주연상을 수상했다. 하지만 그녀가 처음 배우의 꿈을 안고 로마에 왔을 때만 해도 그녀는 큰 키와 엉덩이, 높은 코, 큰 입, 좁은

력을 가졌다는 이유로 좋은 평가를 받지 못했다.

영화 제작자 칼로는 이렇게 말했다.

"이탈리아에서 배우로 성공하고 싶다면 코와 엉덩이는 손을 좀 봐야 해요."

그녀는 칼로의 제안을 단칼에 거절했다.

"제가 왜 다른 사람들과 똑같아져야 하죠? 코와 엉덩이는 제 몸의 일부고 절대 손볼 일은 없을 거예요."

그녀는 자신의 꿈을 포기하지 않았다. 외모에 관계 없이 연기력을 키워 승부를 보겠다고 다짐하고는 부단히 노력했다. 그리고 마침내 꿈을 이루었다! 높은 코와 큰 입, 큰 엉덩이는 오히려 새로운 미의 기준으로 자리 잡았다. 그녀는 '20세기 가장 아름다운 여성'으로 선정되었다.

훗날 소피아 로렌은 자서전 《어제, 오늘, 내일: 나의 인생》에서 이렇게 말했다.

'영화를 시작한 이후로 나는 자연스러운 본능에 따라 화장을 하고 머리를 손질하고 옷을 입었다. 나는 누구도 흉내 내지 않았으며, 노예처럼 유행을 따라본 적도 없다.'

소피아 로렌은 처음부터 자신이 세상에 단 하나밖에 없는 존재임을 이해했으며 용감히 다른 세계와 마주하고, 그 세계를 인정했다. 심지어 여유롭게 자신과 다른 세계를 감상할 줄도 알았다. 그리하여 그녀는 자기만의 독특한 세계를 만들고 새로운 미의 기준이 될 수 있었다.

인생은 무대와 같다. 선천적으로 부족한 말재주도 역시 자신의 모습으로 인정할 줄 알아야 한다. 나무는 나무의 든든함이 있고, 들풀은 들풀의 귀여움이 있다. 꿩이 공작의 날개를 걸쳤다고 봉황이 되는 것은 아니며, 새끼 오리가 종달새의 목을 가졌다 해서 가수가 되는 것은 아니다.

다른 사람을 따라 하고 싶은 마음이 들 때면 자신이 진짜로 원하는 게 무엇인지, 자신에게 어울리는 역할이 무엇인지 생각해보자. 잘 모르겠다면 차분하게 자문해보자.

"'짝퉁'이 될 것인가, '정품'이 될 것인가?"

당신은 마음속에 이미 답을 가지고 있을 것이다. 그렇다면 이제부터라도 남들을 따라 하느라 소중한 시간을 낭비하지 말고 자기만의 색깔과 특징을 유지하기 위해 노력하자.

데일 카네기는 행복의 비결을 다음과 같이 말했다.

"자기 자신을 발견하세요. 당신은 세상에 하나뿐인 유일한 존재입니다. 지구상에 당신과 똑같은 사람은 없다는 사실을 기억하세요. 그러니 자신의 목소리로 노래하고 자신의 몸짓으로 춤을 추세요."

자신의 역할에 최선을 다해라

인생은 연극과 같다. 우리가 신경 써야 할 것은 관중이 아니라
자신이 맡은 배역이다.

심리학자 에이브러햄 매슬로는 "사람은 누구나 소속과 자기 존중의 욕구가 있다"라고 주장했다. 사람들은 늘 타인에게 인정받길 원하며 자신을 긍정적으로 평가해주길 바란다. 이것이 바로 사람들이 타인의 박수갈채 속에서 살고 싶어 하는 이유다.

물론 타인의 박수갈채를 받는 삶도 충분히 가치 있지만, 사람마다 주관적으로 받아들이는 감정이 다르기 때문에 아무리 신경 쓰고 노력해도 모든 사람을 만족시키기란 불가능하다. 그런데도 모두의 마음에 들도록 갖은 애를 쓰며 행동 하나하나에 주의를 기울이다 보면 삶의 목표와 방향을 잃고 말 것이다.

승진과 재물을 인생의 목표로 삼은 남자가 있었다. 그는 뛰어난 능력과 재주를 가졌는데도 백발의 노인이 되었을 때까지 변변치 못한 공무원 신분에서 벗어나지 못해 괴로워했다. 그는 자신의 처지를 생각하며 늘 우울감에 빠져 지냈다. 어느 날, 그는 일을 하다 말고 눈물을 흘리며 소리 내어 울기 시작했다. 그 모습을 본 신입 사원이 그에게 우는 이유를 물었다.

"자넨 모를 걸세. 내가 젊었을 땐 상사가 문학을 좋아하여 나도 시를 공부하고 작문을 배웠네. 그런데 좋은 성과를 거두고 있을 때쯤 상사가 과학에 관심을 가지기 시작한 거야. 그래서 재빨리 물리학을 공부하기 시작했는데 상사는 학력이 부족하다는 이유로 나를 중용하지 않았어. 시간이 흘러 지금의 상사가 부임했을 때가 되어서야 난 문학과 과학을 두루 잘하게 되었지. 하지만 상사는 백발의 노인인 나보다 창창한 젊은이들만 찾더라고. 나는 평생 상사에게 인정받기 위해 살았네. 하지만 결과는……."

그는 차마 말을 맺지 못하고 눈물을 쏟았다.

"이제 곧 은퇴를 앞두고 있는데 이뤄놓은 게 하나도 없으니 얼마나 슬프고 처량한가?"

남자는 상사에게 인정받기 위해 온갖 노력을 다했지만 결국 남은 것이라곤 무미건조하고 고통스러운 삶뿐이었다. 하지만 설령 그가 상사에게 중용된다 해도 행복하지는 않았을 것이다. 그는 자신이 진심으로 원하는 것이 무엇인지도 모른 채 살아왔기 때문이다.

이는 무대에서 열정적으로 춤을 추던 무용수가 관중의 갈채를 받으며 우아한 자세로 피날레를 장식하지만, 마음속으로는 끝없는 공허와 허탈감, 극도의 피로와 무기력에 빠져드는 것과 같다.

인생은 연극과 같다. 우리가 신경 써야 할 것은 관중이 아니라 자신이 맡은 배역이다. 인생의 중요한 결정을 할 때는 자신이 진정으로 원하는 것이 무엇인지 자세히 살펴봐야 한다. 타인의 박수갈채를 받기 위해 무거운 짐을 지고 살아갈 것인가, 아니면 마음이 원하는 대로 자유롭게 살아갈 것인가? 내 몸과 마음의 주인이 나인 것처럼 내 목숨과 인생도 온전히 나의 것이다. 그러니 타인의 인정과 칭찬이 반드시 필요한 것은 아니며 타인의 시선을 위해 살아갈 이유도 없다.

어느 날, 한 여인이 의류 매장에서 수백 달러에 달하는 명품 속옷을 샀다. 동행한 사람이 물었다.

"보여줄 일도 없는 속옷에 이렇게 투자하는 이유가 뭐예요?"

여인은 웃으며 답했다.

"그거야 속옷은 제가 편하고 즐거워지기 위해서 입는 거지, 남들에게 보여주려고 입는 게 아니니까요."

이처럼 남들의 인정과 칭찬을 받기 위해서가 아니라 스스로 편안하고 즐거워지기 위해 무언가 선택하고 결정하고 행하는 태도가 아주 중요하다. 다른 사람의 시선이 아니라 자기 내면의 소리에 충실할 필요가 있다. 타인의 칭찬에 연연하지 않고 자신의 삶을 결정할 수 있어야 긴 인생 여정을 헤매지 않고 건널 수 있으며 진정으로 원하는 목표에 도달할 수 있다.

남들이 나를 어떻게 보느냐는 남들의 소관일 뿐이다. 내가 최선을 다했다면 남들이 그렇게 여기지 않는다 해도 신경 쓸 필요가 없다. 남들을 위해 사는 삶이 아니기 때문이다.

내 삶의 주인은 나이며, 나만이 내 삶의 결정권을 가지고 있다. 명심하자. 타인의 시선에 얽매일 필요도, 타인의 칭찬을 갈구할 필요도 없다. 내가 진심으로 원하는 것이 무엇인지 살피고 침착한 태도로 성실하게 한 걸음씩 앞으로 나아갈 때 비로소 행복에 이를 수 있다. 🐗

내 마음의 주인이 되어라

재능이 뛰어난 자는 따르는 무리가 적고, 평범한 자는 사람들을 잘 따른다.

　복잡하고 빠르게 변하는 현대사회에서 성공의 문턱을 넘으려면 수많은 선택의 기로에서 중요한 결정을 내려야 한다. 이때 우리는 종종 다른 사람들에게 도움을 청하며 참고할 만한 의견을 듣고 싶어 한다.

　결정하기에 앞서 다른 사람들의 의견을 듣는 것도 좋지만 그보다는 스스로 생각해서 옳고 그름을 판단하는 것이 더 중요하다. 그러지 않으면 무능력하거나 맹목적으로 남들이나 따라 하고 심지어 아첨을 떤다는 부정적인 인상을 남길 수 있다. 또한 진정한 '나'를 잃어버릴지도 모른다.

한 농부가 아들과 함께 나귀를 팔러 시장으로 갔다. 농부는 멀쩡한 나귀를 두고 걸어가냐는 타박에 냉큼 아들을 태웠다. 그러나 젊은 아들이 늙은 아비를 공경할 줄 모른다는 다른 사람의 말에 자신이 나귀 등에 올랐다. 이번에도 누군가가 그 처사를 나무라자 아들과 함께 나귀에 타고 시장으로 향했다. 이에 나귀가 불쌍하다며 누군가가 혀를 차자 나귀를 장대에 거꾸로 매달아 아들과 함께 들쳐 메고 길을 갔다. 다리를 건너던 중 결국 불편함에 몸부림치던 나귀가 날뛰자 밧줄이 풀렸고 나귀는 강으로 떨어져 익사하고 말았다.

위의 농부처럼 타인의 말에 좌지우지되는 사람은 매우 흔하다. 어떤 일을 하려고 하면 이렇게 하라는 둥 저렇게 하라는 둥 훈수를 두는 사람도 많다. 이럴 때 갈피를 잡지 못하면 스스로 이성적인 사고를 할 수 없을 거라는 착각에 빠져 어리석은 행동을 저지르게 된다. 그러면 성공과는 점점 멀어질 수밖에 없다.

인생에서 중요한 결정을 앞두고 있다면 침착한 태도로 자문해보자.

"내 생각은 뭐지? 이렇게 하는 것이 맞는 걸까?"

자기 내면의 소리에 진심으로 귀 기울여야 한다. 남들 말을 무작정 따르거나 갈대처럼 이리저리 흔들려서는 안 된다.

성공한 사람들의 이야기를 종합해보면, 그들은 인간관계에서든 사업에서든 다양한 결정의 순간에 침착하게 생각할 시간을 가지고 자신의 입장과 주관을 견지했다. 결코 주변 사람들의 이야기에 휘둘리는 법이 없었다. 오케스트라 무대에서 활약하는 세계적인 지휘자 오자와 세이지 역시 그러했다.

오자와 세이지가 유럽에서 열리는 국제 지휘 콩쿠르에 참가했을 때의 일이다. 결승에서 그는 마지막 참가자로 나왔고 심사위원들은 그에게 오케스트라 연주 악보를 건넸다. 그는 악보를 받자마자 지휘에 신경을 집중했다. 그런데 지휘 도중 오자와는 악보가 틀렸다는 생각이 들었다. 그래서 연주를 멈추게 했다가 다시 시작했는데도 여전히 어딘가 이상했다.

"악보가 틀린 거 아닌가요?"

그는 심사위원들에게 물었다. 심사위원들은 악보에는 아무런 문제가 없다고 대답했다. 그러나 오자와는 여러 번 생각해보고는 이렇게 말했다.

"아닙니다! 악보가 잘못된 게 틀림없어요."

그의 말을 들은 심시위원들은 열렬한 박수갈채를 보냈다. 알고 보니 이것은 심시위원들이 정교하게 설계한 '함정'이었다. 다른 지휘자들은 악보의 오류를 발견하고도 심사위원들이 아니라고 부인하자 바로 자신의 뜻을 굽혔지만, 오자와는 달랐다. 그는 자신의 판단을 믿었기에 결국 콩쿠르의 우승을 거머쥘 수 있었다.

타인에 좌지우지되어 자신을 의심하지 않고 생각을 지키는 것이 바로 주관을 지키는 태도다.

"아닙니다! 악보가 잘못된 게 틀림없어요."

이렇듯 오자와가 주관을 지키는 모습은 심사위원들을 감동시켰다. 자석처럼 사람들의 시선과 마음을 빼앗은 것이다.

재능이 뛰어난 자는 따르는 무리가 적고, 평범한 자는 사람들을 잘 따른다. 주관을 지키려면 봉황이 맹렬한 화염 속에서 탄생하는 것처럼 고통스럽고 험난한 시련을 겪어야 한다. 사실 인생에서 자기만의 주관을 세우는 것은 아주 어렵고, 주관을 유지하는 것은 더 어려운 일이다. 이는 침착하게 진심을 담아 추구해야할 목표다.

복잡하고 어지러운 세상에서 우리는 매 순간 선택을 하며 살아간다. 주관 없이 남들이 말하는 대로 이리저리 흔들리며 남들 뒤꽁무니나 따라다니는 삶을 살고 싶은가? 그런 게 아니라면 내면의 소리에 귀를 기울여 스스로 결정하고 책임지는 법을 배워야 할 것이다. 🐈

꿈을 간직해라

꿈을 꾸면 인생이 변하고, 달콤한 성공의 열매를 맛볼 수 있다.

유행가 중에 이런 가사가 있다.

'어른이 될수록 외로워져요. 어른이 될수록 불안해져요. 부러진 꿈의 날개를 바라봐야 하니까요.'

꿈을 가지고 있는가? 꿈을 위해 최선을 다해본 적이 있는가? 아니면 꿈을 산산조각 내본 적이 있는가?

사람들은 저마다 마음속 깊은 곳에 다양한 꿈을 가지고 살아간다. 어떤 사람은 모든 것을 걸고 꿈을 이루기 위해 앞으로 나아가지만, 어떤 사람은 수많은 장애물에 걸려 바닥으로 서서히 가라앉는 꿈을 바라보기만 한다.

꿈은 현실과 다르다며 안정적으로 살면 그만이고 꿈 따위는 좇을 필요도 없다고 하는 사람이 있는가 하면, 꿈이란 영원히 이룰 수 없는 것에 불과하다며 고개를 가로젓는 사람도 있다. 또한 꿈은 어린애들의 터무니없는 망상에 불과하다며 비웃는 사람도 있다.

하지만 그런 인생은 고인 물처럼 무미건조하고 희망도 없이 다람쥐 쳇바퀴 돌듯 똑같은 하루를 반복하는 삶에 불과하다. 이것은 결코 과장이 아니다. 꿈이란 무엇인가? 꿈은 마음속에 품은 인생에 대한, 자신에 대한 희망이다. 꿈이 있기에 사람은 앞으로 나아갈 수 있다.

꿈을 간직할지, 포기할지는 인생을 좌우하는 중요한 결정이다. 중국을 대표하는 교육기관인 신둥팡의 창업주 위민훙은 이렇게 말했다.

"강은 서로 다른 유기체가 합쳐져서 이루어지는데, 꿈을 가진 강만이 먼 길을 돌고 돌아 바다로 나갈 수 있다. 강에 진흙이 가라앉으면 물이 막히는 것처럼 우리 인생도 때때로 바닥에 진흙이 가라앉을 때가 있다. 진흙이 한 번 가라앉으면 다시 앞으로 나아가려 해도 영원히 움직이지 못할 수도 있다."

꿈이 있다면 잘 생각해보라. 꿈을 평생의 '약속'으로 삼고 실현하기 위해 열심히 노력할 것인가, 꿈을 무시하거나 포기하고 현실에 안주하며 무미건조한 삶을 이어갈 것인가?

사람은 누구나 자기만의 생각과 이상을 가지고 있으며, 꿈을 추구할 권리가 있다. 목표가 있는 삶은 행복하다. 반면 꿈과 추구하고자 하는 이상이 없다면 빛을 잃은 다이아몬드처럼 겉모습이 아무리 화려해도 의미가 없다.

꿈이 있으면 실현하기 위해 최선을 다해야 한다. 인생이 도박이라면 꿈은 판돈과 같다. 꿈이 없다면 영원히 구경꾼이 될 뿐이고 도박에서 승리할 기회는 영영 없을 것이다. 그렇다면 꿈을 저당 잡히면 어떨까? 물론 패배할 수도 있다. 하지만 해보지 않고는 자신이 할 수 없다는 사실을 알 방법이 없다. 끝내 도박에서 패배한들 어떠한가? 아무것도 해보지 않고 포기한다면 더 큰 패배감에 휩싸일 게 뻔하다.

자신을 사랑할 줄 아는 사람은 진정 원하는 것이 무엇인지 제대로 안다. 꿈과 이상을 간직한 사람은 그것을 실현하기 위해 스스로를 갈고닦아 무채색의 현실에 핑크빛을 더한다. 이들은 인생의 즐거움이 무엇인지 깨달은 자들이다.

미국 의류업계의 큰손 랄프 로렌은 폴로라는 패션 왕국을 창조하고 일약 백만장자가 되었다. 로렌은 어릴 때부터 꿈꾸는 것을 좋아했는데 절대 헛된 꿈을 꾸는 법이 없었다. 그는 꾸미기 좋아하는 여자들처럼 자신을 돋보이게 할 멋진 옷을 입고 싶어 했다. 또래 남자아이들이 짓궂은 장난을 치며 놀 때, 로렌은 자나 깨나 옷 생각뿐이었다. 그는 자신과 부모님이 입는 옷의 질감과 무늬, 디자인 등을 자세히 관찰하고 연구했다. 시간이 흐르자 그는 가죽 재킷의 품질을 구별하고 가죽의 진위 여부를 알아볼 능력을 갖추게 되었다. 중학생 때는 한 푼 두 푼 모은 돈을 몽땅 옷 사는 데 투자하며 패션 공부에 열을 올렸다.

그늘 머릿속으로 늘 패션계 종사자가 되겠다는 꿈을 놓지 않았다. 대학 졸업 후, 그는 넥타이 제조 회사에 입사해 중요한 직책을 맡았다. 자신의 재능을 마음껏 발휘한 로렌은 항상 동료들에게 좋은 평가를 받았다.

나중에 그는 친구의 제안으로 폴로를 공동 설립했다. 당시 로렌이 선보인 디자인은 젊은이들의 마음을 단번에 사로잡았다. 그리고 선풍적인 인기를 끌며 업계의 유행을 선도했다. 그것을 시작으로 폴로는 남성복 패션에 혁명을 가져왔다.

사회적 지위나 전문 배경이 없었던 랄프 로렌이 사업에 성공하고 영향력 있는 디자이너가 된 것이 단지 운이 좋아서일까? 아니다. 그는 꿈이 있었기에 신념을 가지고 고통과 역경을 헤쳐나갈 수 있었다.

사람이 가진 다양한 능력 중에서 가장 신비한 것은 바로 꿈꾸는 능력이다. 꿈을 꾸면 인생이 변하고, 달콤한 성공의 열매를 맛볼 수 있다. 꿈을 꾸기로 결정한 순간, 우리의 운명도 함께 정해진다. 성공하여 이름을 떨친 사람과 그러지 못한 사람의 차이는 바로 거기에 있다. 따라서 삶의 번뇌와 역경, 고난으로 말미암아 꿈을 계속 추구할지 포기할지 결정해야 할 때는 인생에 꿈을 판돈으로 내어라. 꿈을 품고 즐겁게 앞으로 나아간다면 운명도 바꿀 수 있지만, 그렇게 하지 않으면 어떠한 일도 이루지 못한다.

내 꿈이 위대하거나 가치 없어 보일지라도 꿈을 간직한다면 긍정적이고 자신감 넘치는 사람으로 거듭날 것이다. 또한, 꿈으로 얻은 원동력은 자신을 인생의 주인공으로 만들어줄 것이다.

꿈이란 단지 큰소리로 외친다고 이룰 수 있는 게 아니라 꿈을 가진 순간부터 이를 실현하기 위해 행동해야 이룰 수 있는 것이다. 꿈을 간직해라. 그리고 꿈을 평생의 '약속'으로 삼아 그것을 실현하기 위해 최선의 노력을 다해라. 🐰

하나의 목표에 집중해라

성공은 복잡한 것이 아니다. 우선 들끓는 마음을 가라앉히고
마음속으로 바라는 목표에 집중하는 것이 중요하다.

인간의 능력과 시간은 유한하므로 살면서 자신에게 딱 맞는
일을 찾기란 쉬운 일은 아니다. 외부의 유혹을 극복하고 평생 한
가지 일에 전념하는 것은 더욱더 어려운 일이다.

한 남자가 우물을 파기 시작했는데, 한 곳을 좀 파다가 물이 나오
지 않자 바로 위치를 바꿨다. 그리고 새로운 위치에서 다시 땅을
파다가 물이 나오지 않자 금세 위치를 바꿨다. 그렇게 남자는 계
속 위치를 바꾸며 몇 군데의 땅을 팠지만 결국 물을 발견하지 못
했다. 또 다른 남자가 우물을 파기 시작했다. 그는 이전 남자와
달리 위치를 바꾸지 않고 한 군데만 계속 파내려갔고, 마침내 물

이 솟아올랐다.

목표를 하나로 정하지 못하고 갈팡질팡하면 아무리 부드러운
땅에서도 우물을 팔 수 없다. 그럴 때는 마음을 가라앉히고 한곳
에서 물이 나올 때까지 집중해서 땅을 파는 게 낫다. 프랑스의
소설가 로맹 롤랑은 이렇게 말했다.
"많은 시간과 노력을 투자해 여러 곳의 땅을 얇게 파는 것보다
같은 시간과 노력으로 한곳의 땅을 깊게 파는 것이 훨씬 낫다."

아마존 강물은 얼룩말들의 중요한 식수다. 하지만 아마존 강가
덤불에는 굶주린 수사자가 시시각각 그들의 생명을 위협한다.
수사자들은 조용히 망을 보다가 어린 얼룩말을 발견하면 순식간
에 달려든다.
얼룩말 무리가 사방으로 흩어져 달아나는 그때 수사자는 바로
옆에 얼룩말은 아랑곳하지 않고 처음에 노리던 사냥감만 쫓는
다. 마치 주변의 다른 얼룩말들은 보이지 않는다는 듯이 말이다.
수사자는 처음부터 쫓던 얼룩말의 체력이 떨어질 때까지 기다렸
다가 잠시 숨을 돌리는 틈을 타 덮친다.

수사자는 왜 근처에 있던 얼룩말을 포기할까? 이는 처음에 쫓
던 얼룩말을 계속 쫓으면 시간이 지날수록 기진맥진해서 덮
치기 쉽지만, 다른 얼룩말은 비축된 체력이 많아서 사냥에 성공

하기 어렵기 때문이다. 하나의 목표에 집중하는 것이야말로 잔혹한 동물의 세계에서 수사자가 일인자의 자리를 유지하는 비결이다.

우리도 살면서 수많은 유혹의 손길에 흔들린다. 이때 진짜 원하는 한 가지 목표에 집중하는 자세가 필요하다.

성공에 눈이 멀어 조용히 생각할 시간을 갖지 않는 사람이 늘고 있다. 그들은 언제나 주변을 두리번거리며 타인의 꿈을 궁금해하고 불행을 구경하느라 정작 자신의 일은 소홀히 한다. 인생의 중요한 순간에 늘 망설이거나 변덕을 부리는 바람에 그 무엇도 제대로 이루지 못한다.

성공하기 위해서는 마음을 다잡고 한 가지 목표를 향해 정진하는 것이 가장 중요하다. '낙숫물이 댓돌을 뚫는다'는 말처럼 세상에서 가장 부드러운 물방울도 오랜 시간 같은 곳에 떨어지면 아무리 단단한 바위라도 뚫을 수 있다.

1980년대, 화조화에 뛰어난 화가가 있었다. 16세 때 개최한 개인전에서 그의 작품은 세계 각지로 날개 돋친 듯이 팔려나갔다. 그는 '천재 화가'라고 칭송되었다.

어느 기자회견장에서 누군가 물었다.

"경쟁이 치열한 미술계에서 어떻게 해야 당신처럼 두각을 드러낼 수 있나요? 지금의 자리에 오르기까지 힘든 과정을 거쳤겠죠?"

화가는 미소를 지으며 고개를 저었다.

"전혀 힘들지 않았습니다. 하마터면 화가가 되지 못할 뻔하기는 했죠. 저는 어릴 때부터 호기심이 왕성하고 욕심도 많아서 그림 뿐 아니라 수영, 아코디언, 농구도 열심히 했죠. 뭐든 늘 일등이 되려고 안간힘을 썼어요. 하지만 모든 분야를 잘하는 것은 불가능했어요. 어린 저는 그 사실에 낙담하고 엄청난 좌절감을 느꼈죠."

사람들은 그의 말에 귀를 기울였다. 그는 계속 말했다.

"그때 선생님이 제 손에 깔때기를 대고는 옥수수 알을 하나씩 흘려보냈어요. 옥수수 알은 차례대로 제 손 안으로 들어왔죠. 다음에는 옥수수 알 열 개를 깔때기로 흘려보냈고 그 역시 제 손 안으로 떨어졌죠. 선생님이 옥수수 알을 한 움큼 집어 깔때기에 넣었어요. 그러자 깔때기가 막혀 옥수수 알이 하나도 떨어지지 않았지요."

그는 잠시 숨을 고른 뒤 다시 말을 이었다.

"저는 깔때기에 꽉 찬 옥수수 알을 보며 한 번에 여러 개를 하려고 하면 아무것도 얻을 수 없다는 사실을 깨달았어요. 그리고 그림을 제외한 모든 것을 그만두었죠. 그때부터 지금까지 오직 그림 공부에 매진한 결과 지금의 제가 될 수 있었어요. 다른 것들을 포기하지 않았다면 불가능했을 거예요."

화가가 수영과 아코디언 등의 공부를 포기하지 않았다면 어땠을까? 그는 훗날 선생님의 가르침으로 깨달음을 얻고 그림 공부에 전념했기에 미술계에서 추앙받는 '천재 화가'의 반열에 오를 수 있었다.

사람들은 평생 수많은 일을 한 사람보다 오로지 한 가지 일을 한 사람을 기억한다. 그러니 인생의 중요한 선택을 할 때는 끓어오른 마음의 온도를 낮추고 다른 사람의 생각이나 시선에 신경 쓸 필요 없이 자신이 가장 좋아하는 일이 무엇인지 곰곰이 생각해봐야 한다.

지금부터 자신의 능력을 마음껏 발휘할 수 있는 목표를 찾아보자. 단 하나의 목표를 위해 집중한다면 인생에서 놀랄 만한 성과를 이룰 것이다. 🐿

무엇을 하든 진중하게 하라.
그리고 목표를 바라보라.

가장 좋은 선택을 해라

버릴 것은 버리고 취할 것은 취하라.
최악의 선택은 피하고 최선의 선택을 해라.

우리는 살면서 수많은 선택의 기로에 서며 종종 이러지도 저러지도 못하는 진퇴양난의 국면에 처한다. 이쪽으로 가야 할지 저쪽으로 가야 할지, 버려야 할지 취해야 할지를 몰라 깊은 고민에 빠지기도 한다. 이때 냉정하게 자기 자신과 삶을 돌아보고 이성적이고 객관적인 자세로 꿈을 설계하여 거시적인 안목으로 실천해가는 것이 중요하다.

솔개는 30년 정도 살면 부리와 발톱이 길어져 사냥을 하지 못하게 된다. 이때 부리와 발톱을 뽑는 고통을 이겨낸 솔개만이 살아남아 장수한다.

선택은 고통스러운 과정이며, 두 마리 토끼를 다 잡기란 불가능하다. 그러니 무엇이 옳고 그른지, 무엇이 더 소중한지를 깨닫고 취사선택해야 한다. 버릴 건 버리고 취할 건 취하는 것이야말로 인생의 지혜이자 마음의 균형을 유지하는 비결이다.

'여유롭게 살고 싶어서 회사에 사표를 던졌지만 막상 할 일이 전혀 없어지면 우울해질까 봐 두렵다. 고액 연봉을 받으며 대기업에 다니고 싶긴 한데 막중한 책임감과 스트레스를 견디지 못할 것 같아 걱정이다.'

이렇게 뭘 해도 걱정, 안 해도 걱정이라면 마음의 평화와 행복은 영원히 기대하기 힘들다. 무엇을 버리고 무엇을 선택해야 할지 아는 것이 중요하며 이때 최악의 선택을 피하고 최선의 선택을 하려고 노력해야 한다.

우수한 성적으로 대학을 졸업한 두지아에게 해외 유학의 기회와 세계 500대 기업으로부터 최고의 조건을 보장하겠다는 러브콜이 동시에 들어왔다. 유학과 취업은 모두 좋은 일이었지만 두지아는 선뜻 선택을 하지 못해 깊은 고민에 빠졌다.

해외 유학은 좀처럼 오지 않는 절호의 기회지만 경제적인 부담이 너무 컸고, 공부를 마치고 귀국해서도 만족할 만한 일자리를 찾을 거라는 보장이 없었다. 하지만 취직하면 경력을 쌓는 데도 유리하고 부모님을 편하게 모실 수 있을 것이었다.

총명한 두지아는 자신에게 질문을 던졌다.

"내가 정말 원하는 건 뭘까?"

생각할수록 결론은 명확해졌다. 유학은 그가 평생 바라던 꿈이자 더 넓은 세계에서 자신을 성장시킬 둘도 없는 기회였다. 그러한 기회는 무엇과도 맞바꿀 수 없다는 생각으로 그는 즉시 유학 길에 올랐다.

3년 뒤, 유학하며 다양한 경험을 한 두지아는 소중한 인맥을 쌓은 것은 물론이고 더 넓은 생각과 시야를 가지게 되었다. 그리고 유학을 마치고 고국으로 돌아와 자기만의 회사를 창업해 좋은 성과를 거두었다. 이후로도 그는 선택을 할 때 포기해야 하는 것에 미련을 두지 않았으며 확신을 가지고 최선의 선택을 했다.

'살신성인殺身成仁'이란 목숨을 바쳐 정의를 실현한다는 뜻이다. 즉, 목숨이든 정의 실현이든 둘 중 하나를 선택해야 하는 것이다. 두 마리 토끼를 다 잡을 순 없다. 그러니 선택을 앞두고 자신이 진짜 원하는 게 무엇인지 아는 것은 중요하다.

무엇을 버리고 무엇을 취할지를 알면 마음의 불안과 걱정을 몰아내고 평화와 안정을 유지할 수 있다. 버릴 건 과감히 버리고 취할 건 확실히 취하는 것이야말로 인생을 성공으로 이끄는 비결이다. 🐟

"세상에 절망적인 환경이란 없다. 절망에 처한 사람만 있을 뿐!"
아무리 절망적인 상황에 놓이더라도
절대 자포자기하거나 스스로를 원망할 필요가 없다.
차분하게 마음을 가라앉히고 현실을 직시해라.
신은 한쪽 문을 닫으면 다른 쪽 문을 열어준다.
침착하게 주변을 둘러보면 새롭게 열린 문을 발견할 것이다.

나를 바꾸어 새로운 인생을 열어라

내가 변해야 세상이 변한다.

사람들은 일이 뜻대로 풀리지 않을 때마다 세상이 자신을 괴롭히고 조롱하는 것 같은 기분을 느끼며 힘들어한다. 하지만 사람들은 세상이 바뀌기만 바랄 뿐 자기 자신을 바꾸려 하지는 않는다. 물론 자신을 바꾼다고 해서 늘 가던 길이 바뀌고 내가 처한 환경이 변하지는 않지만, 늘 같아 보이던 길과 환경에 대한 나의 태도는 분명히 변할 것이다.

어느 토요일 아침, 목사는 집에서 설교문을 준비하고 있었다. 아내는 외출했고 어린 아들은 온종일 집에서 칭얼대며 울어대니 목사는 머리가 복잡해졌다. 목사는 벽에 걸린 세계지도를 아무렇게나 찢어 바닥에 놓고 아들에게 말했다.

"존, 여기 찢어진 조각들을 하나로 맞추면 아빠가 이십오 센트를
주마."

목사는 아들이 종잇조각을 맞추는 동안 설교 준비를 할 심산이
었다. 그런데 10분 뒤 아들이 방문을 두드렸다. 놀랍게도 존의
손에는 잘 맞춰진 세계지도가 들려 있었다.

"존, 어떻게 이렇게 빨리 맞춘 거니?"

"간단해요. 지도 뒷면에 사람의 얼굴이 그려져 있거든요. 먼저
사람의 얼굴을 맞추고 나서 뒤집으면 세계지도가 완성돼요."

목사는 아들의 설명에 흐뭇해하며 약속한 25센트를 주었다.

"얘야, 네 덕분에 내가 많은 걸 배웠단다. 내일 설교 때 교인들에
게도 들려줘야겠어. 사람이 올바르면 세계도 올바르게 맞춰진다
는 사실을 말이야!"

세상 일이 맘대로 풀리지 않는 것은 스스로 잘못하고 있다고
생각하기 때문이다. 이럴 때는 생각을 긍정적으로 바꿔볼 필요
가 있다. 생각을 바꾸면 세상이 변하고, 인생이 변한다.

숲에 까치 한 마리가 살았다. 어느 날, 이삿짐을 싸는 까치를 보
고 종달새가 물었다.

"어디로 갈 생각이야?"

"동쪽 숲으로 가려고 해."

"이곳에 온 지 한 달밖에 안 됐는데 왜 이사를 하는 거지?"

종달새의 물음에 까치는 긴 한숨을 내쉬며 말했다.

"넌 잘 모르겠지만, 이게 벌써 세 번째야. 예전에 살던 숲에서 다른 새들이 내 목소리가 듣기 싫다고 해서 이곳으로 온 건데, 여기서도 다들 내 목소리를 싫어하지 뭐야. 그래서 내 목소리를 좋아해주는 새들이 있는 곳을 찾아볼까 해."

"다른 새들이 네 목소리를 싫어하는 이유에 대해서 생각해본 적 있어? 그건 네가 노래를 정말 못 불러서야. 지금처럼 노래하면 어느 숲에서도 환영받지 못할 거야."

종달새의 말에 크게 깨달은 까치는 그날부터 자신의 목소리를 바꾸기 위해 노력했다. 거듭된 노력에 노래 실력이 부쩍 좋아진 까치는 숲에서 '최고의 가수'로 불리게 되었고, 숲속 모든 새의 사랑을 받으며 행복하게 살았다.

까치는 다른 새들이 자신의 목소리를 싫어한다고만 생각했지, 자신의 노래 실력이 형편없다는 사실은 미처 몰랐던 것이다. 종달새의 말을 듣고서야 자신의 단점을 알게 된 까치는 열심히 노래 연습을 했다. 그렇게 해서 멋진 노래 실력을 갖추게 된 까치는 더 이상 이사를 다니지 않아도 되었다.

자신이 변하면 불가능해 보이던 일들도 원하는 대로 이루어진다. 자신이 원하진 않지만 거부할 수 없는 환경에 처했다면 외면하거나 도망쳐봐도 소용없다. 문제 해결의 유일한 방법은 스스로 변하는 것뿐이다. 어떤 환경인가는 중요하지 않다. 중요한 것은 자신의 선택에 달렸다. 환경에 굴복하고 절망적인 마음으로 세상이 변하기를 기다릴 것인가, 아니면 긍정적인 자세로 자신을 바꾸고 꿈과 목표를 향해 달려갈 것인가? 하루가 다르게 급변하는 시대에는 끊임없이 자신을 변화시켜야 세상의 변화를 따라가고 원하는 바를 이룰 수 있다.

무역 회사에 다니는 위핀차오는 항상 회사에 불평불만이 많았다. 하루는 그가 친구에게 회사를 원망하며 불평했다.

"입사한 지 일 년이나 됐는데 사장이 내게 말도 안 걸고 연봉 올려줄 생각도 안 해. 사표를 내야 할까 봐."

회사에서 비교적 잘나가던 친구는 잠시 뜸을 들이더니 말했다.

"내 생각엔 네가 비즈니스 문서 처리 방법과 회사 조직에 대해서 더 공부해볼 필요가 있을 것 같아. 사무실 복사기 수리법까지 샅샅이 알아두면 더 좋지. 그러고 나서 사표를 내도 늦지 않을 거야."

위핀차오가 어리둥절해하자 친구가 말했다.

"너희 회사는 어쨌든 대기업이야. 긍정적으로 생각해봐. 회사는 무료로 많은 것을 배울 수 있는 학교나 마찬가지지. 배울 수 있는 건 모조리 다 배우고 난 뒤에 떠나도 늦지 않아. 그러니 공부한다는 생각으로 회사를 다녀보라는 거야."

위핀차오는 친구의 말대로 열심히 공부한다는 마음으로 회사를 다니기 시작했다. 그러다 보니 사무실에 밤늦게까지 남아 비즈니스 문서를 분석하는 날도 많아졌다. 반년 뒤, 위핀차오는 친구를 찾아와 말했다.

"반년 동안 네 말대로 했더니 사장이 나를 보는 눈이 완전히 달라졌어. 연봉도 올랐고 승진도 했어. 어느새 사장의 오른팔이 됐거든."

"이미 예상했던 결과야."

친구는 웃으며 말했다.

"애초에 사장이 너를 거들떠보지 않았던 이유는 네 능력이 부족해서였어. 열심히 일하지도 않고 실적도 없었지. 하지만 네가 최선을 다해 공부하고 노력하니 네 능력도 향상되고 회사도 큰 이득을 본 거지. 사장의 태도가 바뀌는 건 당연해."

주변 환경이 아무리 마음에 들지 않아도 앞으로 무슨 일이 일어날지 예측할 수 없는 것이 인생이다. 현재의 환경을 인정하고 스스로 변하길 두려워하지 않는 사람이 진정 지혜롭다. 이렇게 자신을 바꾸면 세상이 변하고, 새로운 인생이 펼쳐진다.

비관론자는 모든 기회에서 어려움을 찾아내고,
낙관론자는 모든 어려움에서 기회를 찾아낸다.

'마른 우물'에서도 꽃이 핀다

위기 속에도 희망은 존재한다.
어떻게 벗어날 것인지는 모두 내 손에 달렸다.

살면서 예기치 못한 일들로 위기에 처한 사람들은 당황하여 무엇을 해야 할지 갈피를 잡지 못한다. 이런 상황이 계속되면 자신이 무기력하고 쓸모없는 인간이란 생각에 빠지고 희망을 잃고 만다.

반면 스스로 운명을 개척하는 사람들은 불행이 찾아와도 절대 절망하지 않는다. 모든 사물은 양면을 지녔다는 사실을 이해하고 위기 속에서도 희망을 찾아내기 때문이다.

'위기危機'라는 한자에서 '위危'는 위험을 뜻하지만 '기機'는 기회를 뜻한다. 즉, 위험 속에 기회가 있고 기회 속에 위험이 도사리고 있다는 의미다. 그러니 위기 속에 숨어 있는 희망을 본다면 새로운 기회를 얻을 수 있다.

어느 날, 마른 우물에 빠진 나귀를 꺼내지 못해 농부가 발만 동동 굴렀다. 시간이 흘러도 뾰족한 수가 생각나지 않은 농부는 결국 나귀를 포기하기로 했다. 차라리 우물을 흙으로 채워 나귀의 고통을 없애주는 게 낫겠다고 생각했다.

농부는 이웃과 함께 삽으로 흙을 퍼서 우물에 넣기 시작했다. 위에서 흙이 쏟아지자 나귀는 공포와 불안을 느끼며 목 놓아 울었다. 하지만 나귀의 울음소리는 이내 잦아들었다. 농부는 갑자기 나귀가 조용해진 이유가 궁금해 우물을 내려다보고는 깜짝 놀랐다. 우물 위에서 흙이 쏟아지자 나귀가 몸에 묻은 흙을 털어내고 쌓인 흙 위로 올라서고 있었다.

농부는 영리한 나귀를 보고 기분이 좋아져 더 빨리 흙을 퍼 날랐다. 얼마 후, 우물 끝까지 오른 나귀는 득의양양한 표정으로 우물을 풀쩍 뛰어넘어 저 멀리 달아났다.

우리는 살면서 누구나 '마른 우물'에 빠지는 경험을 한다. 우물에 빠진 상태에서 흙이 쏟아질 때 아무것도 하지 않는다면 그대로 우물 속에 매장되고 말 것이다. 우물에 빠졌다고 스스로 나가기를 포기한 채 구원만 기다린다면 못 나가겠지만 포기하지 않고 쏟아지는 흙을 밟아 나가려고 하면 살 수 있다. 몸 위로 쏟아지는 '흙'이 곤경에서 벗어나게 해주는 동아줄이 될 수 있다.

'화 속에 복이 깃들어 있고 복 속에 화가 들어 있다'는 말처럼 모든 일은 긍정적인 면과 부정적인 면을 다 가지고 있다. 따라서 아무리 부정적인 상황에서도 기회는 찾아오며, 위기가 더 나은 발전을 위한 계기가 되기도 한다. 위기 속에서도 냉정을 유지하며 최선을 다해 기회를 잡으면 그것이 위기를 벗어나게 해줄 돌파구가 될 것이다.

명 영락 연간에 장인 괴상은 성조의 명을 받아 황궁을 건설하기 시작했다. 그런데 천둥 번개가 요란하게 친 다음 날 아침, 공사 현장에 도착한 괴상은 깜짝 놀라고 말았다. 황궁의 문지방 한쪽이 부러져 있었기 때문이다. 완공일을 앞두고 있어서 부러진 문지방을 복원할 시간도 없었다.

완공일을 지키지 못하면 목이 달아날 터라 괴상은 크게 당황했고 주변 사람들도 진땀을 흘렸다. 하지만 괴상은 곧 냉정함을 되찾았다. 그는 이미 일어난 일인데 원망하고 분노해봤자 아무 소용이 없음을 알고 있었다. 어떻게든 부러진 문지방을 수리하는 것만이 유일한 해결책이었다.

생각에 잠긴 괴상은 기발한 방법을 생각해냈다. 멀쩡한 다른 쪽 문지방을 잘라 부러진 문지방과 높이를 맞추는 것이다. 그리고 문지방이 잘린 양쪽 부분에 언제든지 분리하고 장착할 수 있는 홈을 만들었다. 또한, 문지방에 화려한 색을 칠해 황실의 품격을 높였다.

완공 당일, 성조는 문무백관을 거느리고 친히 현장으로 행차했다. 괴상은 문지방 양쪽 홈을 분리해 마차와 가마가 직접 들어올 수 있게 했다. 성조는 문지방의 독특한 구조와 화려한 무늬를 보고 매우 흡족해하며 괴상에게 큰 상을 하사했다.

절체절명의 위기에 처했던 괴상은 냉정함을 유지해 독특한 문지방을 구상했고 위기를 기회로 바꾸었다. 따라서 자신의 목숨을 부지하고, 중국 건축사에 위대한 업적도 남길 수 있었다.

위기에 처했다고 반드시 두려워할 필요는 없다. 위기에 처했다고 벌벌 떨거나 남 탓을 하며 아무것도 하지 않는 태도야말로 진짜 두려워해야 한다. 위기 앞에서 냉정하게 상황을 직시하며 방법을 강구한다면 분명히 기회를 잡을 것이다. 그때 적극적으로 행동해야 더 나은 미래를 향해 나아갈 수 있다.

큰 위기일수록 큰 기회가 숨어 있다. 위기가 발생하면 불안하고 당황하기 마련이지만 성공한 사람들은 무질서한 혼란 속에서도 냉정함을 유지할 줄 알았다. 위기 속에 숨은 기회를 잡기 위해 자신의 잠재력을 최대한 끌어올린다면 새로운 기회는 저절로 눈앞에 펼쳐질 것이다. 위기를 기회로 바꿀 수 있다면 세상에 못할 일이 없다.

제임스 웹 영은 미국 뉴멕시코 주 고산 지대에서 사과 농장을 운영했다. 고산 지대는 신선한 공기 덕분에 달고 맛있는 사과가 열렸고 제임스 농장의 사과는 전국 각지로 팔려나갔다.

재앙은 늘 예기치 못하게 찾아오는 법. 사과 수확을 앞둔 어느 날, 고산 지대에 엄청난 우박이 쏟아졌다. 탐스럽게 익은 사과들은 땅에 떨어졌고 상처를 입은 사과가 9천 톤에 달했다. 사과를 제시간에 납품하지 못하면 신용이 크게 떨어져 농장 운영에 막대한 손실이 생길 게 분명했다. 우박 맞은 사과를 납품한다고 해도 으깨지고 상처투성이가 된 사과를 보고 좋아할 사람도 없을 터였다.

제임스는 사과 농장을 배회하며 위기를 돌파할 방법을 고민했다. 그러다 무심코 상처투성이가 된 사과를 집어 깨물어보고는 깜짝 놀랐다. 상처 입은 사과가 싱싱한 사과보다 더 달콤하고 향기도 더 진했기 때문이다.

그때 제임스의 머리에 좋은 아이디어가 떠올랐다. 그는 바닥에 떨어진 사과들을 상자에 담아 납품하며 위에 이런 메모를 붙였다.

'보내드린 사과에 상처가 있을 것입니다. 바로 우박을 맞아 생긴 상처입니다. 고산 지대에서 생산되었다는 증거입니다. 비록 상처는 있지만 사과의 육질이 단단하고 과당이 농축되어 있어서 아주 맛있습니다. 믿지 못하시겠다면 직접 먹고 비교해보세요.'

상처 입은 사과를 받은 고객들은 반신반의하는 마음으로 사과를 먹어봤고, 과연 사과는 제임스의 말대로 달콤하고 맛있었다. 그 후로 사람들은 제임스에게 상처 입은 사과를 보내달라고 요청했다.

'상처 입은 사과'를 좋아할 사람이 있을까! 그러니 우박을 맞은 사과는 상품의 가치가 떨어지는 것이 당연했다. 하지만 제임스는 결코 절망하지 않았다. 오히려 '상처 입은 사과'를 내세워 판매함으로써 위기를 돌파했다. 그의 천재적인 발상의 전환에 놀라지 않을 수 없다.

현재 널리 사용되고 있는 흡수지가 옛날 제조공장 직원이 재료를 잘못 배합하는 바람에 실수로 생겨난 폐지라는 사실을 아는 사람은 별로 없을 것이다. 당시 실수를 저지른 직원은 위기를 돌파하기 위해 궁리하던 중 이런 생각을 했다.

'종이로 쓸 수는 없지만 흡수성이 아주 뛰어나군. 이 폐지를 흡수지로 만들면 어떨까?'

그는 즉시 특허를 신청하고 백만장자가 되었다.

'세상에 쓸모없는 물건은 없다'는 옛말처럼 아무리 하찮아 보이는 물건이라도 나름의 쓸모가 있는 법이다. 물건의 쓸모를 찾는 일처럼 위기 속에서 살길을 찾는 것도 모두 자기 손에 달렸다. 위기 앞에서 냉정하게 생각하고 용감하게 행동해야 한다. 위기 속에서 기회를 잡기 위해 노력하고 자신의 잠재된 지혜와 재능을 끌어올릴 줄 아는 자는 성공의 기회도 잡을 수 있다. 위기는 언제나 기회와 함께 찾아오며 위기를 기회로 만드는 것은 온전히 자신의 몫이다. 🐾

꽃은 져도 향기는
멀리 퍼져나간다

밤이 아무리 길어도 태양은 언제나 떠오르며,
눈보라가 세차게 몰아쳐도 봄바람은 언제나 불어온다.

'달이 흐리고 맑고 차고 이지러지는 것처럼 인생에도 기쁨과
슬픔, 이별과 만남이 있다.'

이 말처럼 순탄하기만 한 인생은 없다. 인생은 슬픔과 기쁨이
끊임없이 반복되는 과정이며, 그것으로 균형이 유지된다.

신은 언제나 공평하다. 한쪽 문을 닫는 동시에 또 다른 쪽 문
을 열어준다. 따라서 한쪽 문이 닫혔다고 해서 실망하고 절망하
거나 미련을 버리지 못하고 머무르는 것보다는 새로운 문을 찾
아보는 편이 더 낫다.

포송령은 청나라 초기 산동인이다. 중소지주이자 상인 가문 출

신인 포송령은 어릴 때부터 원대한 뜻을 품고 학문에 정진했다. 그는 과거시험에 합격해 재능을 펼치고 입신양명하겠다는 꿈을 가졌다. 하지만 운명은 포송령의 편이 아니었는지 과거시험에 네 번이나 낙방하고 만다.

포송령은 자신이 과거시험과 인연이 없음을 알고서도 절망하지 않았다.

'비록 관료사회로 들어가진 못했지만 분명히 다른 방법이 있을 거야. 과거에 낙방했다고 위축될 필요 없지. 그럴 시간에 새로운 길을 구상하는 게 나아.'

그는 벼슬길을 포기하고 문학을 공부하기 시작했다. 그리고 오랜 시간에 걸쳐 문언체 단편소설집 《요재지이》를 집필한다. 《요재지이》가 널리 알려지자 포송령의 명성도 나날이 높아졌고 문인들의 인정과 사랑을 한 몸에 받게 되었다.

포송령은 신이 열어준 새로운 문을 찾아내 결국 애초에 꿈꾸던 입신양명의 꿈도 이루고 후대에 소중한 유산도 남겼다.

고난이 찾아오면 사람들은 막다른 골목에 다다른 것처럼 더 이상 갈 곳이 없다는 생각에 절망하고 괴로워한다. 하지만 이때 냉정을 되찾고 조금만 더 생각해본다면 신이 마련해둔 인생의 또 다른 출구를 찾을 수 있다. 이로써 절체절명의 위기에서 벗어나 더 넓고 밝은 세계로 나아갈 수 있다.

우리는 살면서 수많은 기회를 맞이한다. 하나의 기회를 잃으면 또 다른 기회가 찾아온다. 이때 기회를 잡은 자만이 밝은 미래를 꿈꿀 수 있다.

레이크는 위험하기로 소문난 미국 해병대에 입대해야 한다는 사실을 알고 걱정에 휩싸였다. 해병대가 되면 목숨은 적들에게 내놓은 셈이나 마찬가지라며 두려움에 벌벌 떨었다.

그런 레이크를 보고 아버지가 말했다.

"얘야, 그렇게 걱정할 것 없단다. 내근 부대로 가면 비교적 안전한 일을 하게 될 테니 걱정할 일은 전혀 없어."

"그것은 제가 선택할 수 있는 게 아니잖아요. 내근 부대가 아니라 외근 부대로 배치되면 어떻게 해요? 그러면 직접 전쟁에도 나가야 하고 근무 조건도 아주 열악할 게 뻔하잖아요."

"괜찮아. 외근 부대에 배치되어도 두 가지 길이 남아 있어. 하나는 국내에 남는 것이고, 또 하나는 해외 기지에 파병되는 거야. 네가 국내 부대에 배치되면 걱정할 일은 전혀 없어."

"제가 해외 기지로 가게 되면 어떻게 해요?"

"그래도 네겐 두 가지 기회가 있어. 안전한 우호국으로 파병되거나 분쟁이 잦은 평화유지국으로 파병되는 거야. 네가 우호국으로 가게 되면 전쟁이 일어날 가능성은 거의 없다고 보면 된단다. 그러니 걱정할 필요 없어."

"하지만 제가 평화유지국으로 파병되면 어쩌죠? 그럼 정말 위험해지는 거잖아요."

"전방에 배치되지 않고 본부에 남아 있으면 괜찮을 거야."

"전방에 배치되어 부상을 당하면 어떡해요?"

"부상을 당한다 해도 가벼운 부상이면 아무런 문제가 없지."

"재수가 없어서 중상을 입을 수도 있잖아요."

"그래도 아직 기회가 남아 있단다. 치료해도 효과가 없는 부상도 있지만, 생명에는 아무런 지장을 미치지 않을 수도 있지."

"치료해도 효과가 없는 중상을 입어 전사하면 어떻게 해요?"

"얘야, 사람은 언젠가는 모두 죽는단다. 네가 정말 전쟁터에서 싸우다 목숨을 잃는다면 국가의 영웅으로 죽는 것이니 영광스러운 죽음이지."

아버지의 대답을 들은 레이크는 드디어 걱정과 불안을 떨쳐내고 당당히 해병대 입대를 했다. 그는 외근 부대로 배치되어 평화유지국의 전방으로 가게 되었다. 하지만 레이크는 이미 각오를 했기에 어떤 상황도 담담하게 받아들일 수 있었다. 그는 전투에서 용감하게 적들과 싸웠고 무수한 전공을 쌓아 '최고의 전사'가 되었다. 전쟁터에서 수차례나 부상을 입어도 개의치 않고 용맹하게 맞선 그는 훗날 사관학교의 우수한 지도자가 되었다.

레이크의 아버지는 어떤 고난이 찾아와도 잃는 것이 있으면 얻는 것이 있다는 인생의 진리를 알고 있었다. 그래서 아들에게 아무리 힘든 상황일지라도 실망하거나 좌절하지 말고 눈앞에 놓인 또 다른 길로 걸어가라고 충고했다.

밤이 아무리 길어도 태양은 언제나 떠오르며, 눈보라가 세차게 몰아쳐도 봄바람은 언제나 불어온다. 고난 앞에서 늘 좌절하는 사람은 실패가 그림자처럼 따라다니며 운명의 문을 닫아버린다. 막다른 골목에 이르러 더 이상 갈 곳이 없다고 느껴진다면 자신의 상황을 객관적으로 바라볼 필요가 있다. 그러면 새로운 출구가 보일 것이다. 🐈

밝은 태양을 품어라

실패는 나를 객관적으로 바라보게 하고,
나를 단련시키며, 나를 발전하게 한다.

살다 보면 일직선의 탄탄대로도 있고 울퉁불퉁 험난한 비포장
도로도 있으며, 아름다운 꽃길도 있고 위험한 가시밭길도 있다.
눈앞에 어떤 길이 펼쳐질지 미리 아는 사람은 없다.

고난과 역경은 신이 우리에게 내리는 벌이나 저주가 아니다.
그러니 슬퍼하거나 원망하고 좌절할 필요는 없다. 하지만 오랫
동안 실패의 그늘에서 벗어나지 못하면 평생 절망 속에 갇혀 다
시 일어서기 어려울 것이다.

고난이 찾아오면 "왜 나는 실패했을까?"를 자문해보자.

"실패의 손실을 최소화하려면 어떻게 해야 할까?"

"다음에 또 실패한다면 어떻게 해야 할까?"

'실패는 성공의 어머니'라는 말처럼, 실패는 나를 객관적으로 바라보게 하고, 나를 단련시키며, 나를 발전하게 하는 힘이다. 또한 실패는 새로운 나로 거듭날 수 있게 도와준다. 차분히 실패의 경험을 돌아보며 용감히 앞으로 나아가는 사람만이 성공의 문을 열 수 있다.

영국 신문사 〈선데이 타임즈의〉 편집장을 지낸 해롤드 에반스는 평생 무수한 실패를 겪었지만 한 번도 좌절하거나 실망하지 않았다. 그는 이렇게 말했다.

"사람은 누구나 실패할 수 있습니다. 실패하는 것은 아주 자연스러운 일이에요. 성공하기 위해선 수많은 실패를 겪어야 해요. 다시 말해, 성공에 실패가 포함되어 있는 것이죠. 실패에 관해 제가 하고 싶은 말은 '실패는 그 자체로도 충분히 가치 있다'는 것입니다. 그러니 실패했다면, 상황을 직시하고 실패의 원인을 찾아내세요. 그리고 실패를 이겨낼 의지와 믿음으로 한 걸음씩 나아가는 겁니다."

진정한 용기는 핏물이 뚝뚝 떨어지는 비정한 인생과 정면으로 마주하는 것이다. 따라서 실패의 쓴맛을 봤다면 실패의 원인과 개선 방법을 찾기 위해 노력해야 한다. 그러면 어느새 실패의 그림자는 사라지고 성공의 빛이 보일 것이다.

데일 카네기는 사업 초기, 미주리 주에서 성인을 대상으로 한 대화술을 강연하면서 이름을 알렸고, 대도시에 잇달아 지점을 설립했다. 그는 광고비와 사무실 임대료, 사무용품 등으로 지출을 했지만 몇 달이 지나도록 한 푼도 수익을 내지 못했다.

고민 끝에 카네기는 가족들에게 돈을 빌려 비용을 충당하고는 몇 날 며칠이고 집 안에 틀어박혀 지냈다. 그는 사람들이 비난하거나 동정하는 시선을 던질까 봐 두려워 의기소침한 채로 시간을 허비했다. 그랬기에 갈수록 계속 사업을 운영하는 것도 불가능해졌다.

어느 날 그는 스승인 조지 존슨을 찾아갔다.

"실패란 무엇이냐? 네 자신을 똑바로 보아라!"

스승의 호통에 정신이 번쩍 든 그는 자신의 문제점과 현재 필요한 일이 무엇인지 생각하기 시작했다. 그리고 고민 끝에 기존의 강연에 인간관계술을 포함하기로 하고 연구에 들어갔다.

카네기는 심혈을 기울여 성공적인 인간관계에 관한 강연을 완성하여 미국의 저명한 기업가이자 교육자로 거듭났고, '성인교육의 아버지', '20세기 가장 위대한 성공학 대가'로 불리게 되었다. 그는 저서 《소통의 기술》, 《데일 카네기의 인간관계론》 등을 출판하여 전 세계적으로 선풍적인 인기를 끌며 출판사상 경이로운 기록을 세웠다.

어떤 일에 실패했다고 해서 좌절하고만 있어서는 안 된다. 차분히 마음을 가라앉히고 실패를 통해 교훈을 얻고 다시 일어설 힘을 비축하여 당당히 실패의 그늘에서 벗어나야 한다.

'리더십학의 아버지'로 불리는 워렌 베니스는 유명한 저서《위렌 베니스의 리더》에서 이렇게 말했다.

'정부, 기업, 혹은 비영리 단체의 리더들은 모두 실패를 발판으로 성공에 이르렀다는 공통점이 있다.'

그들은 실패를 통해 자신의 치명적인 약점을 발견하고 그것을 극복하기 위해 노력했다. 따라서 실패는 성공의 반대말이자, 성공하기 위한 전제조건인 셈이다. 성공한 리더들은 하나같이 실패를 원동력으로 삼아 성공을 거두었다.

토마스 에디슨은 전구를 발명하기 위해 연구에 몰두했다. 하지만 필라멘트 재료를 찾기까지 무수한 실패를 겪어야 했다. 처음엔 탄화물질로 실험했는데, 실패하자 백금과 이리듐을 합성한 필라멘트를 사용했고, 그다음엔 광석과 노두outcrop를 합성한 1,600여 종의 필라멘트로 실험을 진행했다. 하지만 그의 노력은 모두 실패로 돌아갔다.

에디슨은 거듭된 실패에도 연구를 포기하지 않았으며, 다른 재료로 실험을 계속 이어갔다. 그리고 드디어 유리에 탄소 필라멘트를 채용한 실험에서 성공했고 이렇게 최초의 백열등이 탄생했다.

전구의 발명에는 성공했지만 백열등을 보급하려면 아직 해결해야 할 문제가 많았다. 에디슨은 더 효율적인 전구를 발명하기 위해 5만 번의 실험을 반복했고 150권의 기록을 남겼다. 그런데 어느 날 저녁, 공장에 큰 화재가 발생해 에디슨의 실험실은 한순간 잿더미가 되고 말았다. 하루아침에 흔적도 없이 타버린 실험실을 보며 에디슨은 크게 좌절했지만, 이내 정신을 차리고 스스로 위로하며 이렇게 말했다.

"괜찮아, 화재가 실험실을 없애버리긴 했지만, 실패한 실험들도 모두 태워버렸잖아. 다시 시작하면 돼!"

에디슨은 끈질긴 실험을 통해 필라멘트 재료로 대나무가 가장 적합하다는 사실을 밝혀냈다. 그렇게 탄생한 대나무 필라멘트 백열등은 장장 1,200시간이나 빛을 발산했고, 에디슨은 세계 최고의 발명왕으로 명성을 떨쳤다.

눈앞에 닥친 고난 앞에서도 다시 시작하면 된다고 한 에디슨. 생각이 깊고 시야가 넓은 사람이었기에 실패를 주춧돌로 삼아 성공으로 한 걸음 더 다가설 수 있었다.

성공한 사람들은 몇 번 넘어졌는지보다 넘어졌을 때 몇 번이나 다시 일어섰느냐를 더 중요하게 생각한다. 또한, 실패하지 않으려 애쓰기보다 실패한 뒤 좌절하지 않으려고 노력한다. 어니스트 헤밍웨이는 이렇게 말했다.

"역경은 모든 사람을 넘어뜨리지만, 그중 몇몇은 좌절을 극복하고 다시 일어선다."

성공을 웅장한 교향곡에 비교하면, 우리가 살면서 겪는 실패는 악보의 음표와 같다. 실패를 기꺼이 받아들이고 냉정하게 원인을 찾아내 잘못된 부분을 교정한다면 역경을 딛고 일어나 '성공 교향곡'을 연주할 수 있다.

생각을 전환하여
새로운 희망을 발견하라

방향을 전환하고 시각을 바꾸면
새로운 희망이 보인다.

과학자들은 꿀벌을 뚜껑이 없는 병에 넣고 바닥에 빛을 쏘인 뒤 행동을 관찰했다. 그 결과 꿀벌들은 단 한 마리도 병 밖으로 날아가지 않았다. 왜 그랬을까? 꿀벌은 빛이 가장 밝은 곳이 출구라고 생각해서 계속 바닥을 향해서만 몸을 부딪쳤기 때문이다. 꿀벌은 어두워 보이는 뻥 뚫린 병의 입구는 아예 쳐다보지도 않은 채 사력을 다해 바닥으로 곤두박질치다 죽음을 맞이했다.

주위를 둘러보면 복잡한 상황이나 고난에 처했을 때 한쪽 면만 보는 사람이 많다. '외골수'나 '고지식하다'는 말을 종종 듣는 그들은 늘 열심히 하지만 좋은 결과를 얻지 못하며, 절망하느라 세월을 허비한다.

모든 사물은 다양한 면을 가지고 있다. 첩첩산중에 갇혀 길이 보이지 않는 상황에서도 시야를 넓혀 방향을 전환해보면 새로운 길이 보이기 마련이다.

어느 날, 역병이 창궐한 지역에 사신이 도착했는데 많은 일을 처리하느라 피곤해져서 길가에 앉아 쉬고 있었다. 그때 마음씨 착한 청년이 달려와 그를 부축하며 편안히 쉴 수 있도록 도와주었다. 청년의 배려에 감동한 사신은 의사가 되고 싶어 하는 그의 소원을 들어주기로 했다.

"한 가지 규율만 지키면 자네는 지금 당장 병원으로 가서 의사가 될 수 있네. 내가 환자의 머리 쪽에 서면 자네가 치료했을 때 병이 씻은 듯이 나을 것이고, 내가 환자의 발 쪽에 서면 죽을 때가 다 된 것이니 치료를 해도 소용이 없을 거야. 만약 내가 서 있는 위치와 반대로 행동한다면 그대의 목숨을 대신 가져갈 것이니 그리 알게."

청년은 사신과의 규율을 잘 지켜서 많은 환자의 목숨을 살렸고, 존경받는 명의가 되었다. 그러던 어느 날, 공주가 병에 걸렸는데 뛰어난 의사들도 병을 치료하지 못했다. 그러자 국왕은 공주의 병을 치료하는 자를 부마로 삼겠노라 천명했다. 황실로 달려간 청년은 아리따운 공주를 보고 한눈에 마음을 빼앗겼지만 안타깝게도 사신은 공주의 발 쪽에 서 있었다.

청년은 공주를 살리고 싶었지만 그러려면 자신의 목숨을 내놓아야 했다. 방법을 고심하던 찰나 기막힌 생각이 청년의 머리에 떠올랐다. 그는 국왕에게 말했다.

"공주의 침대를 반대 방향으로 돌리면 병이 씻은 듯이 나을 것입니다."

국왕은 청년의 말을 듣자마자 신하를 시켜 공주의 침대를 반대 방향으로 돌렸다. 그러자 발 쪽에 서 있던 사신이 공주의 머리 쪽으로 위치했고, 그것을 확인한 청년은 즉시 공주를 치료해 병을 고쳤다. 사신은 넋 놓고 그 광경을 지켜볼 수밖에 없었다. 공주의 병을 치료한 청년은 공주를 아내로 맞이해 왕좌를 계승했고, 행복하게 살았다.

사랑에 빠진 공주를 살리기 위해 자신의 목숨을 내놓을 것인가, 아니면 공주가 죽어가는 모습을 지켜보고만 있을 것인가? 목숨을 건 선택 앞에서 청년은 냉정하게 상황을 이해하고 생각을 전환했다. 그는 결국 사신의 규율을 어기지 않으면서 공주를 구할 묘수를 찾아냈다.

이처럼 곤란한 상황에 처했다면 사물의 한쪽 면만 보지 말고 방향을 전환해볼 필요가 있다. 위대한 업적을 남긴 인물들도 인생의 수많은 우여곡절 과정에서 생각의 전환으로 새로운 기회를 발견했다. 그들은 고정관념과 편견에 사로잡히지 않고 다른 관점으로 사물에 접근하는 지혜를 가졌다.

치열한 경쟁으로 말미암아 판매가 부진했던 미국의 한 장난감 회사는 심각한 경영 위기에 처했다. 고민에 빠진 사장은 심란한 마음을 달래고자 차를 타고 교외로 나가 산책했다. 그는 거리에서 아이들이 더럽고 못생긴 곤충을 잡으며 놀고 있는 모습을 발견하고 의아한 생각이 들었다. 그는 아이들을 유심히 관찰하던 중 기발한 생각을 떠올렸다.

'현재 시장에는 바비 인형이나 잘생긴 해군 인형 등 예쁜 장난감이 넘쳐나서 아이들도 식상해하고 있어. 못생긴 인형이 출시되면 아이들이 좋아해줄까?'

그는 즉시 회사로 돌아가 디자이너에게 '어글리 토이'를 연구하라고 지시했다. 그리고 흉측하게 생긴 '병균 인형', '못생긴 남편', 혐오스럽게 생긴 '악취 인간', '냄새나는 강아지', '구토 인형' 등을 시장에 잇달아 출시했다. '어글리 토이'는 값이 만만치 않았지만 시중에 풀리자마자 날개 돋친 듯이 팔려나갔고, 전국에 열풍을 일으켰다.

예쁘고 잘생긴 인형들은 늘 아이들의 사랑을 받아왔다. 하지만 기존의 생각을 완전히 뒤집어 못생긴 인형들을 만든 결과, 모두의 예상을 깨고 대박을 터뜨렸으며 심각한 경영 위기를 넘길 수 있었다.

위기에 봉착했다면 고정관념을 깨고 생각을 전환하는 자세가 필요하다. 이런 능력은 저절로 생기지 않는다. 회사와 일상생활에서 질문을 끊임없이 던지는 훈련이 필요하다. 그렇게 하면 시간이 지날수록 문제를 다른 각도에서 보는 힘이 생기고 유연한 사고방식을 가지게 될 것이다. 🐾

스스로 기회를 만들어라

약자는 기회를 기다리고, 강자는 기회를 잡으며,
지혜로운 자는 기회를 만든다.

기회란 '어떤 일을 하기에 유리한 시기나 상황'을 뜻한다. '시대가 영웅을 만든다'고, 기회는 사람들을 성공으로 이끄는 '촉진제'와 같다. 미국의 심리학자 로렌스 코헨은 말했다.

"인생은 스스로 발전하는 게 아니라 수많은 기회와 인연을 통해 발전한다."

사과나무 아래 앉아 사과가 저절로 떨어지기만을 기다리는 사람처럼 기회가 찾아오기만을 바라는 사람들이 있다. 하지만 기회는 스스로 찾아오지 않는다.

그렇다면 기회는 어떻게 잡을 수 있는 걸까? 먼저 한 번이라도 적극적으로 기회를 찾아본 적 있는지, 스스로 기회를 만들어

본 적은 있는지 자문해보자. 기회는 스스로 발견하고 찾아내어 만들어가는 것이다.

리와 마샤는 친한 친구로, 둘 다 TV 프로그램 사회자가 되는 꿈을 가지고 있었다. 대학을 졸업하고 두 사람은 A도시의 방송국 시험에 지원했지만 모두 낙방하고 말았다. 그때마다 관계자는 이렇게 말했다.

"죄송합니다. 우리는 경력자를 희망합니다."

시험에 낙방한 리는 크게 좌절하며 우울해했다. 그는 매일 신에게 한 번만 기회를 달라고 기도했다. 그리고 친구들에게는 종종 이렇게 말했다.

"난 내가 훌륭한 사회자가 될 재능이 있다고 생각해. 방송국에서 한 번만 기회를 준다면 반드시 성공할 거야."

그러나 1년이 넘도록 그에게는 단 한 번의 기회도 주어지지 않았다. 한편 마샤는 방송국의 요구가 불합리하다고 생각하면서도 스스로 기회를 만들어야겠다고 다짐했다. 그는 각종 방송국 모집 공고를 자세히 살펴보다가 중소도시의 작은 방송국에서 사회자를 모집한다는 공고를 발견했다. 낙후된 외지의 방송국이었지만 마샤는 개의치 않았다.

'일단 방송국에 입사해서 경력을 쌓으면 어디든 갈 수 있을 거야.'

마샤는 1년 동안 열심히 일하며 경력을 쌓았다. 그리고 자신이 원하던 방송국에서 사회자 모집 공고가 나자마자 경력자로 지원했고 전국적으로 유명한 사회자가 되었다.

리시와 마샤의 차이를 통해 행운아와 불운아, 성공자와 실패
자의 모습을 그려볼 수 있다. 약자는 기회를 기다리고, 강자는
기회를 잡으며, 지혜로운 자는 기회를 만든다. 기회는 찾으면 얻
을 것이고 기다리면 잃을 것이다. 수동적인 자세로 자신의 인생
을 절망으로 치닫는 걸 보고 있는 것보다 적극적으로 기회를 찾
고 만드는 사람만이 성공에 더 가까이 다가설 수 있다.

유명한 극작가 조지 버나드 쇼는 말했다.

"자신의 삶을 운에 맡겨버리는 사람들도 있지만, 저는 운을 믿
지 않습니다. 세계적으로 명성을 떨친 사람들은 자신의 목표를
위해 기회를 적극적으로 찾아 나섰습니다. 그리고 스스로 기회
를 만들어냈습니다."

가혹한 운명을 타고났다고 생각한다면 차분히 마음을 가라앉
히고 기회를 찾아 나서보자. 위대한 업적을 쌓고 큰 성공을 거둔
사람들도 스스로 기회를 만들고 그것을 꿈을 위한 발판으로 삼
아 앞으로 나아갔다.

유대인들은 '자신이 할 수 있는 일은 스스로 하되, 절대 남에
게 도움을 요청하지 않는다'는 원칙을 지키며 살아간다. 농구 황
제 마이클 조던은 이렇게 말했다.

"수동적인 자세로는 아무것도 얻을 수 없습니다. 모든 일을 적
극적으로 해야 합니다."

특히, 매년 수많은 인재가 거리로 쏟아져 나오며 경쟁이 치열한 시대에는 기회가 저절로 찾아오지 않는다. 얌전히 앉아서 기회가 오길 기다리기만 한다면 곧 도태되고 말 것이다. 자신을 적극적으로 드러내고 스스로 기회를 만드는 사람에게 행운의 여신이 찾아간다.

강가에 간다고 물고기가 저절로 잡히지 않는 것처럼 기회도 가만히 앉아서 기다린다고 저절로 찾아오지 않는다! 기회가 보이지 않는다면 적극적으로 찾아 나서야 한다. 기회가 저절로 찾아오기를 기다리는 것보다 스스로 기회를 만드는 사람이 성공할 가능성이 훨씬 더 높다.

꺼지지 않을 불길로 타올라라.

충동은 악마와 같아서 사람을 파멸로 이끈다.
충동으로 말미암아 성공을 눈앞에 두고도 실패한 사람을 종종 볼 수 있다.
악마의 충동질은 우리를 끊임없이 번뇌하고 고민하게 만든다.
성공하고 싶다면 악마의 충동에서 벗어나 평정심을 유지해야 한다.

불안한 마음을 멀리 던져버려라

입정(入定, 불교에서 수행을 위해 방 안에 들어앉는 일)한 승려가 본 '거미'는
외부에서 온 게 아니라 불안한 마음에서 기인한다.

어떤 일을 할 때 실수를 저지르거나 순조롭게 진행되지 않을
때 사람들은 종종 문제의 원인을 자신이 아니라 외부에서 찾으
려는 충동에 휩싸인다. 하지만 진정한 이유를 찾지 못해 늘 몸과
마음이 피곤해진다.

사미(沙彌, 어린 남자 승려)는 자신이 입정할 때마다 큰 거미가 나
타나 정신을 어지럽힌다고 생각했다. 그래서 입정해 자리에 앉
자마자 손을 휘저으며 거미를 쫓느라 수행에 전념하지 못했다.
사미는 스승에게 물었다.

"스승님, 저는 입정해 열심히 수행하려고 했으나 사찰이 지저분

하여 거미가 지나다녀 정신을 어지럽힙니다. 아무리 쫓아내도 매번 그러니 어떻게 해야 합니까?"

"거미가 있다니 제대로 입정하기 힘들겠구나. 하지만 이제까지 그런 일로 입정을 하지 못한 사례는 없었단다."

스승은 잠시 생각하더니 다시 말을 이었다.

"다음에 입정할 때는 펜을 가지고 가서 거미가 다시 나타나면 배에 동그라미를 그려 넣거라. 그러면 그 녀석을 수월하게 찾을 수 있을 게야."

사미는 스승의 말대로 펜을 준비하고 다시 입정했다. 이번에도 거미가 기어나와 수행을 방해하자 승려는 거미의 배에 동그라미를 그려 표시했다. 그런데 신기하게도 동그라미를 그리자마자 거미는 흔적도 없이 종적을 감추고 말았다. 사미는 거미가 사라지자 편안한 마음으로 수행에 집중할 수 있었다.

얼마 후, 수행을 마치고 밖으로 나온 사미는 거미의 배에 그렸던 동그라미가 자신의 배꼽에 그려져 있는 것을 보고 깜짝 놀랐다. 그제야 사미는 입정할 때 나타난 '거미'가 외부에서 온 게 아니라 불안한 자신의 마음에서 왔음을 깨달았다.

사미를 괴롭히던 거미는 그가 만들어낸 허상에 불과했다. 결국 문제의 근본 원인은 자신에게 있었던 것이다.

일이 뜻대로 풀리지 않을 때 남을 탓하며 원망하고 분노하기보다는 내부에서 문제를 찾아보는 자세가 필요하다. 그러면 문제의 실마리가 서서히 풀릴 것이다.

팡지아는 밝고 쾌활한 성격으로 여자 동기들과는 원만한 관계를
유지하며 직장생활을 하는데, 그녀보다 서너 살 많은 한 남자 동
기와는 좀처럼 가까워지지 않았다. 팡지아 눈에 그 남자 동기는
워커홀릭처럼 보였다. 게다가 세상에서 가장 바쁜 사람처럼 굴
면서 남들을 무시한다고 생각했다.

그러던 어느 날, 팡지아는 중요한 프로젝트를 원수처럼 여기던
남자 동기와 함께 진행하게 되었다. 예상대로 남자 동기는 매일
새벽에 출근해 밤늦게까지 남아 야근을 했고, 그녀는 그런 생활
을 견디기 힘들었다. 하지만 프로젝트를 완수하기 위해 그녀도
굳은 각오를 다졌다.

'나 때문에 프로젝트가 늦어지거나 방해가 되면 안 돼.'

팡지아는 남자 동기와 비슷한 시간에 출퇴근하며 복잡해 보이는
업무도 적극적으로 나서서 처리하기 시작했다. 시간이 흐를수록
두 사람의 업무 속도는 상당히 빨라졌고 회의에서도 사장의 칭
찬을 한 몸에 받았다. 팡지아는 생각했다.

'그와 함께 일하지 않았다면 내 업무 속도가 이 정도로 향상되지
는 못했을 거야. 그가 밤낮으로 일에 몰두한 것도 본인을 위해서
가 아니라 내게 본보기가 되어주기 위해서였어.'

팡지아는 열심히 일하는 남자 동기를 보며 자신이 얼마나 태만
했는지 깨달았던 것이다. 그때부터 그녀는 원수같던 남자 동기

를 훌륭한 파트너로 인식했고, 그와 힘을 합쳐 프로젝트를 성공적으로 진행했다.

문제가 생기면 자신의 모든 말과 행동, 경험을 낱낱이 돌아보는 자세가 필요하다. 그래야 충동적으로 문제의 원인을 남에게 돌리지 않으며 자신의 잘못을 인정하고 발전할 수 있다. 🐅

경험들을 현명하게 사용한다면 어떤 일도 시간 낭비는 아니다.

마음의 리듬을 회복해라

옳은 이치는 큰 목소리가 아니라
사람의 마음에서 나온다.

옛말에 '이치에 맞으면 천하를 누빌 수 있어도 이치에 맞지 않으면 한 걸음도 나아갈 수 없다'고 했다. 스스로 이치에 맞지 않는다고 느껴지면 처신에 더욱 주의해야 한다. 설령 이치에 맞지 않는 사람을 만났다 해도 충동적으로 대해서는 안 되며, 상대가 잘못을 인정하게 하거나 상대를 물러설 수 없는 곳까지 몰고 가서 스스로 그만두도록 해야 한다.

관용을 베풀어야 할 때 관용을 베풀지 못하면 어느새 마음의 리듬이 깨지고 주변 사람들에게 부정적인 영향을 미쳐 인간관계까지 나빠진다. 결국 힘들어도 도와줄 사람 하나 없는 외로운 처지로 전락하고 만다. 즉, 자신이 옳고 남이 잘못한 상황에서라도 관용을 베풀어야 할 때는 양보하고 용서할 줄 알아야 한다. 옳은 이치는 큰 목소리나 신랄한 말이 아니라 사람의 마음에서 나온다. 옳고 그름은 시간이 지나면 자연스럽게 드러나기 마련이다. 자신이 유리한 입장에 놓였다 해도 온화하고 부드러운 태도로 관용을 베풀어야 마음의 안정과 평화를 유지하고 이성적이고 냉철하게 문제를 해결할 수 있다. 또한, 사람들에게 선하고 관용적인 인상을 남길 수 있다.

한 찻집이 개업을 했다. 찻집 종업원은 손님들에게 늘 웃는 얼굴로 친절하게 대했다. 그런데 어느 날, 무례한 손님이 찾아왔다.

"여기! 빨리! 빨리!"

그 손님은 큰 소리로 종업원을 부르더니 테이블 위에 놓인 잔을 가리키며 말했다.

"이게 뭐지? 우유가 상했잖아! 홍차에 상한 우유를 넣었으니 맛이 있을 리가 있나. 뭐 이따위 찻집이 다 있어!"

종업원은 손님의 거친 말투에 기분이 상했지만 웃으며 말했다.

"손님, 정말 죄송합니다. 바로 새것으로 바꿔드릴게요!"

종업원은 재빨리 홍차와 우유를 새로 가져왔다. 그리고 레몬도 함께 내려놓으며 부드럽게 말했다.

"손님, 레몬과 우유를 홍차에 같이 섞으면 레몬 때문에 우유가 뭉칠 수 있으니 자제해주시기 바랍니다."

그 말을 들은 손님은 얼굴이 벌겋게 달아올라 급하게 홍차를 마시고는 자리를 떠났다. 다른 손님이 종업원에게 말했다.

"이건 그 사람 실수잖아요? 당신에게 무례하게 구는데도 어떻게 얼굴색 하나 변하지 않고 그렇게 침착하게 대처할 수 있어요?"

종업원은 여전히 미소를 지으며 대답했다.

"무례한 사람이라서 더 완곡하게 대한 거예요. 이치로 따지자면 그분의 잘못이 명백하지만 관용을 베풀어야 할 때는 양보하고 용서해야죠. 이치를 지키지 않는 사람일수록 목소리가 크고 상대를 억누르려고 하며, 이치를 지키는 사람일수록 부드럽고 친절하죠."

손님들은 모두 고개를 끄덕이며 웃었고, 찻집에 좋은 인상을 받았다. 찻집이 나날이 번성하는 이유는 음식이 맛있고 규모가 커서라기보단 늘 상냥하고 친절한 종업원의 태도에 있었다.

종업원은 무리하게 트집을 잡는 손님에게 오히려 한 발 물러서서 친절하게 대했다. 부드러운 말투로 손님이 저지른 잘못의 진상을 밝히면서도 최대한 배려하는 태도를 보였다. 주변의 다른 손님들은 이후 찻집의 단골이 되었다. 아마 종업원이 손님과 언쟁을 벌이며 직설적으로 그의 잘못을 지적했다면 다른 손님들에게도 좋지 않은 인상을 남겼을 것이다.

옳은 이치는 큰 목소리가 아니라 사람의 마음에서 나온다. 상대가 이치에 맞지 않는 행동을 했더라도 관용을 베풀어 원만하게 해결한다면 만족스러운 결과도 얻고 주변 사람들의 인정도

받을 수 있다.

차분하게 마음을 가라앉히는 법을 배우면 충동적인 상황에서도 온화한 태도로 양보하고 관용을 베풀 줄 알게 된다. 그렇게 평정심을 유지하며 이성적이고 냉철하게 일을 처리하는 것이 목소리를 높이며 갑론을박을 벌이는 것보다 훨씬 낫다.

인내함으로써 평온해진다

군자가 원대한 뜻을 품었으면 기다릴 줄 알아야 하고
추구하는 바가 크면 참을 줄 알아야 한다.

인내심이 강해야 끝까지 살아남을 수 있다. 일시적인 충동에
휘둘려 감정적으로 일을 처리하면 좋은 기회를 놓칠 가능성이
크다. 조금만 참으면 불필요한 논란 없이 문제를 해결할 수 있다.

실례로 중국 최고의 명장으로 칭송되는 서한의 한신을 들 수
있다. 한신은 평민 시절 무뢰배들에게 모욕적인 말을 들은 적이
있다.

"네까짓 게 누굴 죽이겠어? 죽일 수 있으면 날 먼저 죽여보시
지? 못하겠으면 내 가랑이 밑으로 기어가든지."

한신은 그들과 겨루며 소란을 일으키는 대신 '대장부라면 모
욕도 이겨내야지'라고 생각하며 무뢰배들의 가랑이 사이로 기

어갔다.

그때 한신이 치욕을 참지 못했다면 어땠을까? 송사에 말려들어 위대한 장수가 될 기회를 잡지 못했을 수도 있다. 아니면 먼 곳으로 망명을 가거나 도망자 신세가 되었을 수도 있다. 그랬다면 중국의 역사는 다시 쓰여야 할 것이다.

참고 양보하는 것은 나약해서가 아니다. 그렇다고 언제 어디서나 물러서고 포기만 하라는 것도 아니다. 자기만의 원칙에 따라 필요하다고 판단할 때 취하라는 것이다. '군자가 원대한 뜻을 품었으면 기다릴 줄 알아야 하고 추구하는 바가 크면 참을 줄 알아야 한다'는 말처럼 때로는 참는 것이 진리다.

일시적인 충동은 후회를 가져올 뿐이다. 누군가와 시비가 붙어 문제가 생긴다면 조금만 참고 기다려보자. 흥분을 가라앉히고 인내할 때 불필요한 시간과 감정을 낭비하지 않을 수 있다.

인내는 의지를 단련하고 내부에 힘을 축적시켜 나중에 승리를 향해 불씨를 댕기게 하는 가장 중요한 무기다. 인내하는 사람은 뭐든 포기하지 않고 끝까지 하며, 그 과정에서 인생의 중요한 깨달음을 얻는다. 프랑스 작가 귀스타브 플로베르는 기 드 모파상에게 이렇게 말했다.

"천재는 오랜 인내 끝에 주어지는 수식어라네."

성공한 사람이나 남들보다 뛰어난 능력을 가진 천재들은 모두 강한 인내심의 소유자였다. 그들은 충동적인 마음을 억제하고 평생 후회할 일은 하지 않았다.

광고 회사에 막 입사한 펑위는 대학에서 배운 내용이 실전에서는 아무 쓸모가 없으며, 심지어 업무의 효율을 떨어뜨린다는 사실을 알게 되었다. 잦은 실수를 저지르던 펑위는 하루가 멀다 하고 상사의 호통을 들어야 했다.

펑위의 친구들은 상사의 지독한 비난과 불같은 성질을 받아내느니 차라리 회사를 그만두라고 조언했다. 하지만 펑위는 아랑곳하지 않고 젊은 혈기를 억누르며 회사생활을 이어갔다. 상사에게 혼날 때도 남 탓을 하거나 불평하지 않고 묵묵히 일했다.

펑위는 맡은 일에 최선을 다했고 시간이 흐를수록 상사에게 혼나는 횟수는 점점 줄어갔다. 3년 뒤, 펑위는 회의, 기획, 문서작성, 설계 등 업무의 전반적인 영역에서 우수한 실적을 올리는 핵심 인재로 성장했다. 임원진과 사장은 그를 완전히 딴사람처럼 대했다. 그의 말에 귀를 기울였고 입에 침이 마르도록 칭찬했으며 회사의 중요한 업무를 그에게 일임했다.

성공의 비결을 묻는 친구들에게 그는 말했다.

"입사하고 삼 년간은 다 미숙해서 상사의 눈 밖에 안 나기만을 바라며 일했어. 억울하거나 분하다는 생각은 하지 않았어. 그랬다면 평생 남들 눈치만 보면서 살았을 거야. 그리고 차분하게 인내하는 마음으로 실무를 열심히 배우고 익혔더니 어느새 이 자리까지 오게 됐어."

참고 기다리는 것은 나약해서가 아니라 스스로 감정을 조절하

는 것이다. 이 보 전진을 위한 일 보 후퇴로써 인내하며 주변의 상황을 제대로 파악하여 자신에게 맞는 해결책을 찾자.

인내하기 전에 무엇이 중요하고 중요하지 않은지 원칙을 정할 필요도 있다. 반드시 해결해야 할 일은 무엇이고, 기다렸다가 나중에 해결해도 되는 일은 무엇인지 알아야 한다. 우선순위와 정도를 정하지 않고 무턱대고 참는 것은 미련한 짓이다. 실제로 얻을 이익도 없거니와 심리적인 부담만 작용할 뿐이다.

조금만 참으면 실수를 저지르거나 후회할 만한 일로 인생을 낭비하지 않아도 된다. 인내함으로써 충동적인 감정을 잠재우고 이성적인 판단으로 문제에 접근할 수 있다. 그러면 불필요한 원망이나 후회를 줄이고 달콤한 열매를 맛보게 될 것이다. 🐈

매일 죽을힘을 다해 분주히 일하지만 이룬 것 하나 없는 사람이 있는가 하면,
늘 여유롭고 느긋하지만 엄청난 성과를 이루는 사람도 있다.
둘의 차이는 마음의 안정에 있다.
바쁜 와중에도 평정심을 유지하며 여유를 즐길 때 좋은 결과를 얻을 수 있다.

느린 걸음으로 산책하라

마음이 고요하면 먼지가 자유롭게 날아다니고,
먼지가 없는 마음은 가볍게 하늘에 닿는다.

경쟁이 치열한 현대사회에서 사람들은 남들에게 뒤처지지 않기 위해 습관적으로 바쁘게 살아간다. 경쟁 상대와는 앞서거니 뒤서거니 하면서 달리며, 책상에는 온갖 자질구레한 일거리를 산더미처럼 쌓아놓는다. 심지어 끼니도 제때 챙겨먹지 못하면서 1년 365일 1분 1초를 아껴가며 살아간다. 하지만 늘 빽빽한 일정을 소화하며 팽팽한 긴장감 속에서 살다 보면 불안하고 초조한 마음이 들고 생활에 여유를 찾기 힘들다. 그러면 점점 우울감만 늘어나고 행복한 삶과는 갈수록 멀어지고 만다.

출판사에 취직한 젝은 늘 눈코 뜰 새 없이 일했다. 원고 작성과

계약 체결, 팩스, 메일 등의 각종 업무를 처리하다 보면 하루가 금세 지나갔다. 주말에도 출근했고 야근도 밥 먹듯이 했다. 외부 출장 때도 몇 날 며칠 제대로 먹지도 자지도 않고 뛰어다니느라 회의 시간에 목소리조차 나오지 않았다. 심지어 과로로 쓰러져 침대에 누워 지내던 며칠 동안에도 밤새 손에서 원고를 놓지 않고 미련할 정도로 일만 했다. 마치 쉴 줄 모르고 일하는 기계 같았다.

그러던 어느 날, 기계의 부속품 하나가 고장 나버린 것처럼 잭은 쓰러졌고 급기야 병원에 입원하기에 이르렀다. 그가 의사에게 말했다.

"늘 사람들과 달리기 시합을 하는 기분이었어요. 아침에 눈을 뜨는 순간부터 가슴이 두근거렸고, 시간이 흐를수록 지쳐갔어요. 때로는 누군가 제게 총구를 겨누고 있어서 빨리 움직이지 않으면 방아쇠를 당길 것만 같았어요!"

잭의 상황이 그렇게 악화된 이유는 스스로 가혹하게 채찍질하며 일터로 내몰았기 때문이다. 숨 막힐 듯 바쁘게 돌아가는 생활 속에서 그의 몸과 마음은 평온함을 잃고 피곤해진 것이었다.

매일 뭔가에 쫓기듯 바쁘게 살아가는 사람들은 건강한 삶을 영위할 수 없다. 왜 속도를 늦추지 못할까? 왜 좀 더 우아하게 살지 못할까? 물론 전 세계의 속도를 낮추는 것은 불가능하지만 지금 나 한 사람의 속도는 충분히 늦출 수 있다.

바삐 가는 걸음을 늦추고 평온한 마음을 가져보자. 속도를 늦추면 삶의 희로애락을 천천히 음미할 수 있다. 여행을 하며 산 넘고 물 건너는 것처럼 인생의 모든 순간을 감상하며 여유를 즐길 수 있다.

"어느 날 신께서 달팽이와 함께 산책을 하라는 임무를 주셨어요. 저는 신의 뜻대로 달팽이를 데리고 길을 나섰어요. 그런데 달팽이 걸음이 너무 느려 속도를 아무리 높여도 겨우 한 뼘쯤 움직일까 말까 했어요. 답답한 마음에 달팽이를 재촉도 해보고 협박도 해봤지만 소용없고, 나중엔 원망을 퍼붓는 지경까지 갔죠. 그때마다 달팽이는 미안한 눈빛으로 제게 최선을 다하겠다고 말하는 듯했어요. 저는 분통이 터져서 앞에서 달팽이를 잡아 당겼다가 뒤에서 밀었다가, 심지어 발로 걷어차기까지 했어요. 달팽이는 힘들게 숨을 몰아쉬며 전력을 다해 앞으로 나아가고 있었지만 여전히 제 성엔 차지 않았죠.
왜 신께서 제게 달팽이를 산책시키라고 했는지 도저히 이해가 안 됐어요. 그래서 신이 있는 하늘을 올려다보았어요. 그런데 한없이 푸른 하늘을 보고 있으니 마음이 평온해졌어요. '그래, 신이고 뭐고 다 신경 쓰지 말자. 그따위 임무가 뭐라고!' 그리고 달팽이가 기어오든 말든 내버려두자고 생각했죠.
천천히 걷고 있자니 어디선가 꽃향기가 났어요. 근처에 꽃밭이 있었나 봐요. 살랑거리는 바람은 또 왜 그렇게 부드러운지. 이제까지는 왜 전혀 몰랐을까요? 저는 그제야 깨달았어요. 함께 산책을 해준 것은 제가 아니라 달팽이였다는 사실을요!"

마음이 고요하면 먼지가 자유롭게 날아다니고, 먼지가 없는 마음은 가볍게 하늘에 닿는다. 티끌 하나 없는 마음은 가벼워서 하늘로 날아가기 쉽다. 느리게 산다는 것은 게으르거나 나태하다는 뜻이 아니라, 매 순간 이해득실에 얽매이지 않고 최대한 평온한 마음으로 산다는 의미다. 즉, '느리다'는 것은 자연과 평화로운 상태로 돌아가는 하나의 경계다.

'느린' 인생은 달팽이와 함께 산책을 하는 것과 같다. 예를 들면, 매일 아침 일찍 일어나 심호흡으로 신선한 공기를 마시고 아름다운 자연의 소리를 듣는다. 또는 친구들에게 직접 만든 케이크나 쿠키를 선물하거나 부모님과 TV를 보며 자질구레한 일상을 나눌 수도 있고, 가족끼리 교외로 나가 바람을 쐬는 것도 좋다.

마음을 흐르는 물처럼 부드럽게 만들면 평온한 생활의 리듬을 되찾을 수 있을 것이다. 그러면 내면과 외면의 경계가 서서히 사라져 여유롭고 편안한 마음으로 즐거운 인생을 보낼 수 있다.

마음을 차분히 가라앉히고 천천히 산책을 해보자. 느린 걸음 속에서 삶의 여유와 진정한 인생을 음미할 수 있을 것이다.

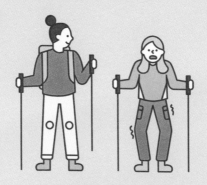

도전을 받아들여라.
그러면 승리의 쾌감을 맛볼지도 모른다.

흐름대로 가라

총애를 받든 모욕을 당하든 동요 없이 화원의 꽃을 감상하고,
머리를 비우고 하늘에 떠 있는 새털구름을 바라보며 마음을 가다듬는다.

자연을 자세히 관찰해보면, 물은 높은 곳에서 낮은 곳으로 흐
르고 지형에 따라 자유자재로 모양을 바꾼다. 그것은 물의 선택
이 아니라 순리에 따른 결과다.

인간의 삶도 물과 같다. 하지만 자연의 이치를 깨닫지 못한 많
은 사람이 자신의 기구한 운명을 탓하며 살아간다. 그들은 세상
이 불공평하다는 생각에 사로잡혀 우울하고 초조한 삶을 이어간
다. 따라서 평온하고 안정적인 마음을 가져본 적도 없다.

세상의 모든 것은 외부의 힘에 의해서가 아니라 내부의 힘으
로 발전하는 법이다. 아무리 아름다운 육체도 늙으면 주름이 자
글자글해지고, 아무리 재산이 많아도 죽으면 빈 몸으로 떠나게

되어 있다. 그러니 순리에 따르며 살아야지, 순리를 억지로 거스르려고 해서는 안 된다. 마음을 느긋하게 가지면 삶의 긴장감도 서서히 줄어들기 마련이다. 인생이 원래의 계획대로 전개되지 않는다 해도 지구는 변함없이 돌아가고, 나의 삶 또한 멈추지 않고 이어질 것이다. 심지어 예기치 못한 슬픔과 기쁨이 반복되면서 말이다. 인생이 이러한데 수백 번 생각하고 고민할 필요가 있을까?

산속 사찰에 노승과 사미가 함께 살았다. 삼복날, 사미는 앞마당에 누렇게 시든 잔디를 보며 노승에게 말했다.

"시든 잔디를 뽑아야겠습니다. 보기가 안 좋네요."

노승은 손을 저으며 말했다.

"날이 선선해질 때까지 기다리거라. 그럼 언제든 해도 좋다!"

추석이 돌아오자 노승은 잔디 씨앗을 사와 사미와 함께 파종했다. 그런데 잔디 씨앗 중 일부가 가을바람을 타고 멀리 날아가버렸다. 사미가 심각한 표정으로 말했다.

"스승님, 잔디 씨앗이 바람에 날아가버렸습니다."

노승은 답했다.

"괜찮다. 바람에 날아가지 않아도 싹을 틔우지 못했을 것이야. 그러니 걱정할 필요 없다. 편하게 생각하거나!"

얼마 후, 새 떼가 날아와 잔디 씨앗을 물고 가는 모습을 본 사미는 다급하게 노승을 찾았다.

"큰일 났습니다. 새들이 잔디 씨앗을 물고 가고 있어요!"

노승은 언제나처럼 느긋하게 웃으며 답했다.

"괜찮다. 새들이 잔디 씨앗을 전부 물어가진 않았을 것이다. 그렇게 생각하자꾸나!"

폭우가 쏟아진 다음 날, 사미가 또다시 노승에게 외쳤다.

"스승님, 이번에는 정말 큰일 났습니다. 간밤에 큰비가 내려 많은 잔디 씨앗이 씻겨 내려가버렸어요."

노승은 대수롭지 않다는 표정으로 사미를 바라보며 덤덤하게 말했다.

"초조해할 필요 없단다. 어디로 흘러갔든 싹은 틔울 수 있을 것이야. 인연에 맡기거라!"

시간이 흐르자, 흙을 뚫고 푸릇푸릇한 싹이 고개를 내밀었다. 처음 씨를 뿌렸던 곳도 아닌데 사방에서 푸른 잔디의 싹들이 힘찬 생명력을 자랑하며 솟아올랐다. 그 모습을 본 사미는 신이 나 박수를 치며 좋아했고, 노승은 고개를 끄덕이며 말했다.

"마음껏 기뻐하거라!"

이 이야기의 교훈은 '순리에 따르라'는 것이다. 순리에 따른다는 것은 하늘의 뜻을 따르되 어떤 환경에서도 만족할 줄 아는 인생의 태도를 일컫는다. 이러한 삶의 지혜를 깨우쳤던 노승은 어떠한 변화에도 흔들림 없이, 태연하고 침착하게 평정심을 유지했다.

순리에 따른다는 것은 막연히 기다린다거나 무조건 받아들이라는 게 아니다. 억지로 무언가를 할 필요가 없다는 의미다. 경거망동하지 않고 침착하게 하늘의 뜻에 따르면 세상의 모든 속박에서 자유로워질 것이다. 이로써 마음의 긴장과 불안을 해소하는 데도 큰 도움이 된다.

피오리나는 전 가족이 먹고 자는 일부터 청소와 손녀를 돌보는 일까지 가정의 대소사를 직접 챙겨야 직성이 풀리는 성격이었다. 그녀는 늘 스스로 암시를 걸었다.

"아무리 바빠도 모든 일을 신속하고 정확하게 처리해야 해."

그녀는 이른 아침부터 밤늦게까지 바쁘게 움직였다. 하지만 항상 일을 다 마치지 못해 괴로워하며 잠자리에 들곤 했다.

어느 날, 비가 내려 손녀 미나가 학교에서 일찍 집으로 돌아왔다. 그녀는 물이 뚝뚝 떨어지는 우산과 장화를 문 뒤에 그대로 두고 바로 소파에 앉아 TV를 켰다.

"이런, 세상에! 바닥에 물 좀 봐! 어서 깨끗이 닦아야겠네."

피오리나가 청소를 하려고 하자 미나가 말리며 말했다.

"할머니, 좀 쉬었다 하세요. 계속 비가 오잖아요. 엄마, 아빠 들어오면 또 더러워질 텐데 지금 닦아봤자 소용없어요. 그러니 저랑 정원에서 꽃이나 봐요."

"어머나, 지금 할 일이 얼마나 많은데 꽃구경이란 말이니?"

하지만 피오리나는 간절한 눈빛으로 쳐다보는 손녀를 보자 마음이 약해졌다. 결국 그녀는 미나를 데리고 발코니로 나가 화분에 물을 주고 꽃을 감상하며 시간을 보냈다. 그러다 가족들이 다 모이자 함께 저녁을 먹고 담소를 나누느라 청소를 마무리하지 못하고 잠자리에 들었다.

다음 날, 잠에서 깬 피오리나는 예전에는 느껴보지 못한 즐거움을 알게 되었다. 전날 집안일을 마무리하지 못하고 잤는데도 기분이 홀가분하고 상쾌했다. 그때부터 미나는 집안일을 하느라 총총거리며 뛰어다니는 할머니의 모습을 보지 않아도 됐다.

요즘 사람들은 늘 바쁘고 시간에 쫓기며 긴장한 채 살아간다. 이제 순리에 따라 자신은 물론이고 남에게 강요하지 않으며 긴장에서 벗어나자. 마음의 평화와 여유로운 삶을 누려보자.

결론적으로, 순리에 따른다는 것은 솔직하고 자연스럽게 사는 것을 뜻한다. 누구에게도 강요하지 않고 물 흐르듯 유연하게 오르락내리락하면서도 태연한 삶, 진정으로 자신을 위한 가치 있는 삶이다. 순리에 따르는 자는 거센 비바람이 불어와도 큰 깨달음을 얻으며, 구불구불한 인생 여정에서도 평온함을 유지할 줄 안다. 🐈‍⬛

꿈을 향해 전진해라

두려움을 떨치고 목표를 향해 전진하는 자에게는
온 세상이 길을 비켜줄 것이다.

.

주변을 둘러보면 건강한 정신에 자신감과 매력이 흘러넘치는
사람이 있는 반면, 늘 분주히 왔다 갔다 하지만 우유부단하고 의
기소침한 사람도 있다. 심지어 비슷한 지능과 비슷한 상황에 놓
여 있음에도 왜 이런 차이가 생기는 걸까?

현상은 본질을 반영하는 법이다. 전자는 목적지가 확실하고
후자는 가야 할 목적지가 불명확하다. 자신이 가야 할 곳을 모르
는 사람들은 무리를 떠나 홀로 날아가는 기러기처럼 정확한 방
향을 찾지 못해 헤매기 일쑤다. 또한, 원래 있던 곳으로 가려고
해도 쉽게 발걸음을 뗄 수 없다. 그러니 조급하고 초조하며 걱정
하느라 인생을 낭비한다.

아무 목표 없이 사는 사람은 단지 해야 하기 때문에 일을 하며, 공허한 마음을 채우기 위해 바쁘게 움직인다. 하지만 시간과 노력을 아무리 기울여도 좋은 성과를 얻지 못하고, 심지어 상황이 더 심각해지기도 한다. 반대로 뚜렷한 목표를 향해 정진하는 사람은 잡념에 빠지지 않고 장기적인 안목으로 미래를 설계한다. 또한 어떤 역경 속에서도 최선을 다해 노력한다. 따라서 어떤 상황에서도 흔들리거나 포기하지 않으며, 평정심을 유지할 수 있다.

기원전 212년, 고대 로마군이 방어선을 뚫고 시러큐스를 침공했다. 로마군이 아르키메데스의 집으로 쳐들어왔을 때, 75세의 수학자는 바닥에 쪼그려 앉아 턱을 손으로 받치고 기하학 그림을 연구하고 있었다. 로마군은 노인에게 소리를 지르며 그가 보고 있던 그림을 발로 짓밟았다.

"이런, 내 그림에서 발을 치우고 썩 나가주시오!"

아르키메데스가 화난 목소리로 말했다. 하지만 포악한 로마군은 그의 머리를 향해 칼끝을 겨누었다. 다급한 순간에도 아르키메데스는 얼굴색 하나 변하지 않고 손으로 칼을 잡아 옆으로 치웠다.

"내 머리를 치려거든 잠시만 기다려주게. 아직 해야 할 일이 남았네. 이 기하학 연구를 후대에까지 넘겨줄 수는 없어!"

그렇게 말한 아르키메데스는 깊은 생각에 빠졌다. 하지만 그의 말은 로마군의 화를 더 돋웠고 아르키메데스는 결국 단칼에 머리가 잘리고 말았다.

로마군에게 생명의 위협을 받는 순간에도 침착하게 행동한 아르키메데스의 모습은 가히 감탄할 만하다. 그가 죽음을 눈앞에 둔 상황에서도 당황하지 않고 태연할 수 있었던 이유는 무엇일까? 그에게는 기하학 문제를 풀어야 한다는 명확한 목표가 있었기 때문이다.

랄프 왈도 에머슨은 말했다.

"목표를 향해 전진하는 자에게는 온 세상이 길을 비켜줄 것이다."

뚜렷한 목표가 생기면 어떤 일을 해야 할 동기가 더 강해진다. 또한, 잡념이 사라지며 목표를 향해 자신의 역량을 오롯이 쏟아붓게 된다.

목표는 눈에 띄는 과녁처럼 간단명료한 것이 좋다. 그래야 목표에 가까워질 때마다 성취감이 고조되고 마음도 편안해진다. 목표는 정하는 것보다 실천하는 것이 더 중요하다. 원하는 목표를 위해 끊임없이 노력해야 한다. 조급해하지 않고 차분한 마음으로 복잡하고 바쁜 일들을 하나씩 처리할 수 있어야 한다.

어떤 상황에서도 당황하지 않고 침착하게 목표를 향해 나아가려는 자세를 가질 때, 비로소 길을 헤매거나 유혹에 시달리지 않고 원하는 목표를 달성할 수 있다.

유연한 마음을 가져라

편안한 마음으로 '에먼스의 저주'를 풀다.

2008년 8월 17일, 베이징 올림픽 50미터 남자 소총 3자세(서서 쏴·무릎쏴·엎드려쏴 자세로 번갈아 사격하는 종목) 결승전이 열렸다. 13시 51분, 수많은 관중이 숨죽여 지켜보는 가운데 미국 선수 매슈 에먼스는 총을 들어 과녁을 조준하고 신중하게 마지막 방아쇠를 당겼다. 하지만 결과는 4.4점에 그쳤다.

결승전이 열리기 전까지만 해도 에먼스는 강력한 우승 후보로 점쳐졌다. 결승전에서 계속 선두를 달리던 그는 마지막 10발째에서 6.7점 이상만 기록해도 금메달을 거머쥘 수 있었다. 사격 천재 에먼스에게는 식은 죽 먹기보다 쉬운 점수였다. 하지만 어처구니없는 4.4점을 맞추고 만 것이다. 현장에 있던 사람들은 물론이고 전 세계 관중이 깜짝 놀랐다. 해설자도 몇 초간 말을 잇지 못했다. 에먼스는 순식간에 4위로 밀려났고, 그보다 5위나 뒤처졌던 중국의 추젠 선수가 금메달을 가져갔다.

에먼스의 '마지막 발의 저주'는 그로부터 4년 전인 2004년 아테네의 마르코폴로 사격장에서부터 시작됐다. 당시 소총 복사(엎드려쏴)로 금메달을 딴 에먼스는 승승장구했고 소총 3자세에서 2관왕을 노렸다. 마지막 발에서 7.1점만 넘으면 쉽게 금메달을 거머쥘 수 있는 상황이었는데, 마지막 발을 다른 선수의 표적에 꽂는 실수를 저지르고 말았다. 결국 금메달은 중국의 자잔보 선수에게 돌아갔다.

에먼스를 포함한 그 누구도 아테네에서 베이징까지 '마지막 발의 저주'가 반복될 것이라고는 생각하지 못했다. 왜 에먼스는 계속 같은 실수를 저질렀을까? 그는 올림픽에서 빛나는 금메달을 차지하고 싶은 마음에 오랫동안 긴장 상태에 놓여 있었다. 그것이 중추신경에 부담을 주어 정상적인 행동에 영향을 미쳤고, 그 결과 말도 안 되는 실수를 저지르게 되었다. 심리학자들은 이러한 상태를 일컬어 '에먼스의 저주'라고 부르기까지 했다. 즉, 지나치게 성공을 추구하는 마음은 극도의 긴장을 불러일으켜 중요한 순간의 실수로 이어진다는 의미다.

'에먼스의 저주'는 주변에서 흔히 접할 수 있다. 예컨대 여러 사람 앞에서 발표할 때, 무대에 선 순간 머릿속이 백지장처럼 하얘지면서 아무것도 생각나지 않는 상황 말이다.

미국의 외줄타기 명인 닉 왈렌다는 고공 외줄타기의 비결을 묻는 사람들에게 '평지를 걷는 것'처럼 걸으면 된다고 답했다. 하지만 고공 외줄타기 도전을 가볍게 성공한 왈렌다도 실수로 떨어진 적이 있다.

미국의 유명인사들이 왈렌다의 외줄타기 공연을 보러 왔을 때의 일이다. 왈렌다는 그 공연만 성공하면 자신의 입지를 굳히는 것은 물론이고 큰돈을 벌 수 있을 거라고 확신했다. 수십 년간 바라던 꿈이 이루어지기 직전이었다. 긴장한 왈렌다는 공연을 하기 전에 계속 되뇌었다.

"이번 공연은 정말 중요해, 반드시 성공해야 해. 절대 실수해서는 안 돼!"

왈렌다가 실수로 떨어져 부상을 입었을 때 왈렌다의 아내는 말했다.

"왠지 일이 잘못될 것 같았어요. 이번 공연에서는 줄을 건너는 것보다 떨어지지 않으려는 데 더 신경을 쓰더라고요. 마음이 불안하니 몸으로 나타날 수밖에요. 성공하고 싶은 마음이 오히려 남편의 능력을 발휘하지 못하게 막은 셈이에요."

바늘에 실을 꿰려고 안간힘을 쓰면 손가락이 더 떨리고, 축구공을 잘 차서 점수를 내려고 하면 발이 잘 움직여지지 않으며,

면접시험에서 좋은 인상을 주려고 노력할수록 말이 잘 나오지 않는다. 이것은 모두 성공에 집착하느라 평정심을 잃었기 때문이다.

2004년 아테네 올림픽에서 궈징징은 여자 3미터 스프링보드 개인 다이빙 대회를 앞두고 있었다. 사람들은 그녀가 예선전에서 좋은 성적을 거두지 못했기에 매우 긴장해 있을 거라고 생각했다. 인터뷰에서 기자들은 그녀에게 긴장되지 않는지를 물었다. 하지만 궈징징은 부드러운 미소를 지으며 답했다.

"제 실력만 잘 발휘할 수 있으면 그걸로 만족해요. 이번 대회에서 바라는 것은 전혀 없어요. 금메달을 반드시 따야 한다는 부담도 없고 그저 마음을 비우고 편하게 임할 생각이에요."

드디어 대회가 시작되고 마지막 다이빙으로 결승전에 나갈 선수가 정해지는 순간이었다. 스프링보드 위에 올라선 궈징징은 열은 미소를 지으며 발을 굴러 점프해 앞으로 한 바퀴 반을 회전하면서 몸을 두 바퀴 반 비틀어 깔끔한 동작으로 시원한 소리를 내며 입수했다. 그녀가 다이빙을 마치자 현장은 오성홍기의 물결로 일렁거렸다.

첫 번째 올림픽 금메달을 따고 수상대에 오른 궈징징은 감격스러운 눈물을 흘리거나 눈에 띄는 환호성을 지르지도 않았다. 그저 차분한 표정으로 작은 미소를 지으며 가볍게 손을 흔들 뿐이었다. 그 후로도 궈징징은 계속 좋은 성적을 거두었고 금메달 4

개, 은메달 2개 획득이라는 쾌거를 이루었다.

귀징징이 '에먼스의 저주'에 걸리지 않고 놀랄 만한 성적을 거둔 이유는 매 순간 편안한 마음가짐으로 임했기 때문이다. 그녀가 금메달에 눈이 멀었다면 가벼운 마음으로 대회를 치르지도, 제 실력을 발휘하지도 못했을 것이다.

사람은 누구나 성공을 바라며 꿈꿔왔던 세계가 실현되길 원한다. 그러기 위해서는 불안해하지도 조급해하지도 말아야 한다. 성공에 대한 집착을 버리고 물 흐르듯 유연하게 편안한 마음을 가졌을 때 비로소 이상은 현실이 된다. 🐿

성공에 대한 집착을 버리고
물 흐르듯 유연하게
편안한 마음을 가졌을 때
비로소 이상은 현실이 된다.

스트레스를 벗어던져라

스트레스는 약자에게는 걸림돌이지만,
강자에게는 디딤돌이다.

현대사회는 도전과 기회로 넘쳐나지만 그에 따른 스트레스도
있다.

적당한 스트레스는 잠재력을 자극하고 목표를 향해 분발하도
록 촉진하는 생활의 활력소가 되지만, 지나친 스트레스는 마음
을 불안하고 초조하게 만들어 극도의 긴장감을 조성하고 우울
감을 조장한다. 스트레스가 일정한 한계를 벗어나면 상상할 수
없는 결과를 초래한다.

옛날, 자급자족을 하며 행복하게 살던 마을이 있었다. 어느 날,
저승사자가 한 노인에게 마을로 가는 길을 물었다.

"마을에는 무슨 일로 가는 거죠?"

노인이 물었다.

"백 명의 사람을 저승으로 데려가야 한다네."

저승사자는 태연하게 답했다.

"어찌 그런 일이!"

"어쩔 수 없네. 난 반드시 그들을 데려가야 해."

다급해진 노인은 황급히 마을로 달려가 저승사자가 100명의 목숨을 가져가려 한다고 전했다. 순식간에 마을 사람들은 공포에 휩싸였다.

다음 날 아침, 다시 저승사자를 만난 노인은 불만 섞인 말투로 물었다.

"백 명을 데려간다더니 왜 하루아침에 천 명이나 죽은 거죠?"

"나는 말한 대로 백 명만 데려갔네. 나머지는 죽음에 대한 공포와 스트레스로 죽었을 뿐이지. 그러니 내 잘못이 아니네."

마을 사람들을 죽음으로 내몬 것은 극도의 스트레스였다. 마을 사람들은 자신이 100명에 속할지도 모른다는 걱정을 하다 죽은 것이다. 이처럼 과도한 스트레스는 정신과 육체를 병들게 하여 죽음에 이르게 한다.

살면서 스트레스를 받지 않는 사람은 없다. 하지만 똑같은 스트레스를 받는데도 왜 누군가는 번뇌와 고통 속에 살아가고, 또 누군가는 그것을 원동력으로 꿈을 향해 나아가는 걸까? 도대체 어떻게 해야 스트레스를 미래의 원동력으로 삼을 수 있을까?

사실 그들도 우리처럼 평범한 사람이다. 단지, 이성적으로 스트레스를 해소하고 부정적인 감정을 잘라낼 방법을 알고 있을 뿐이다. 따라서 그들은 항상 건강한 몸과 마음을 유지한다.

스트레스는 약자에게는 걸림돌이지만, 강자에게는 디딤돌이다. 그렇다면 스트레스를 디딤돌로 바꾸려면 어떻게 해야 할까? 그것은 아주 간단하다. 마음을 편안하게 가지면 된다.

스트레스로 고민하던 한 청년이 심리학 교수를 찾아가 해결책을 물었다. 교수는 그에게 물이 든 컵을 건넸다.

"이 컵의 무게가 얼마나 될 것 같은가?"

청년은 대수롭지 않게 컵을 받아들고 답했다.

"상당히 가볍네요. 이십 그램쯤 되겠는데요?"

교수는 청년에게 계속 컵을 들고 있게 했다. 그리고 잠시 후 다시 물었다.

"지금 컵의 무게가 얼마나 될 것 같은가?"

계속 컵을 들고 있던 청년은 손이 쑤셔와 컵을 다른 쪽 손으로 옮겨 잡으며 말했다.

"좀 무겁네요. 한 오백 그램쯤 될 것 같습니다."

교수가 말했다.

"컵의 무게는 전혀 변하지 않았네. 단지 시간이 변했을 뿐이지. 같은 컵이지만 들고 있는 시간이 길어질수록 더 무겁게 느껴지지. 우리의 어깨를 짓누르고 있는 스트레스는 이 컵처럼 시간이 지날수록 무거워진다네. 언젠가는 감당할 수 없는 지경까지 무거워질 테지. 여기에서 벗어나기 위해서는 컵의 물을 비우고 잠시 쉬었다가 다시 드는 수밖에 없어."

교수의 말을 듣고 깊이 깨달은 청년은 비로소 무거운 스트레스를 떨쳐내고 가벼워질 수 있었다.

위 교수의 말은 인생의 진리다. 스트레스는 히말라야삼나무와 비교할 수 있다. 히말라야삼나무는 폭설이 쌓이면 유연한 잔가지를 구부려 눈을 아래로 떨어뜨린다. 따라서 제법 폭설이 내려도 상처 하나 없이 꿋꿋이 버틸 수 있다.

스트레스는 두려움의 대상이 아니다. 진정 두려워해야 할 것은 그걸 떨치지 못하는 마음이다. 긴장감이 엄습하면 마음을 가다듬고 스트레스를 해소하기 위해 노력해야 한다. 스트레스에서 벗어나 편안한 마음을 가지면 거대한 도전에 직면했을 때 태연히 맞설 수 있다.

스트레스를 떨쳐내고 가벼워지면 어떠한 역경에도 무릎 꿇지 않을 수 있다. 또한, 구부러져도 부러지지 않는 스프링처럼 자유롭고 유연한 마음으로 인생을 자신의 것으로 만들어갈 수 있다. 🐈

세상에는 사람들을 유혹하는 것들로 넘쳐난다.

탐욕을 부리면 자신은 물론이고 애초에 가고자 했던 방향까지 잃어버린다.

유혹에 흔들리지 않으려면 마음을 가라앉히고 탐욕을 억제해야 한다.

내면의 소리에 귀를 기울이고 진심으로 내가 원하는 곳을 향해 나아간다면

만족한 삶을 영위할 수 있을 것이다.

돈의 주인이 되어라

'군자도 재물을 좋아하지만 도리를 지켜 그것을 얻는다'는 말처럼
재물을 대할 때도 정도를 지켜야 한다.

돈에 과한 욕심을 부리며 집착하는 사람은 돈의 노예로 전락
하여 평생 돈에 휘둘리며 산다. 한 철학자는 말했다.

"사람이 돈을 소유한 게 아니라, 돈이 사람을 소유했다."

찢어지게 가난한 노부부는 끼니를 굶는 일이 많았다. 하루는 남
편이 아내에게 말했다.

"신에게 도와달라는 편지를 써봅시다. 신이 외롭고 가난한 노인
네들을 보살피고 있는지 확인해봐요. 신이 정말 우리를 보살피
고 있다면 반드시 도움을 주지 않겠소?"

"신이 정말 있는 걸까요? 그런데 어떻게 편지를 부치죠?"

부인이 묻자 남편이 말했다.

"신이 있다면 편지를 어디로 보내든 관계없이 받을 것이오."

부부는 신에게 도와달라는 편지를 쓰고 봉투에 넣어 집밖으로 던졌다. 그랬더니 거짓말처럼 바람이 편지를 실어 갔다.

노부부의 편지는 마침 길을 가던 선량한 청년 앞에 떨어졌다. 청년은 호기심에 편지를 열어보았고 노부부의 사정에 딱한 마음이 들었다. 청년은 편지에 적힌 주소대로 찾아가 자신을 신이 보낸 심부름꾼이라 소개하고 98달러가 든 봉투를 건넸다.

그런데 청년이 떠난 뒤 돈을 세어본 노부부는 어쩐지 기분이 좋아 보이지 않았다. 남편이 말했다.

"심부름꾼이 수작을 부린 게 분명하군. 신이 우리에게 백 달러를 보냈는데 중간에서 이 달러를 챙긴 것 같지 않아요?"

돈에 대한 욕심에 눈이 멀어 탐욕의 노예가 되면 평생 무거운 마음의 짐을 지고 살아가게 된다. 탐욕을 버리지 못하면, 삶의 진정한 가치를 모르는 무대 위의 꼭두각시가 되고 말 것이다.

현대사회를 살아가는 사람들은 누구나 재물을 추구할 권리가 있다. 하지만 그 과정에서는 반드시 '군자도 재물을 좋아하지만 도리를 지켜 그것을 얻는다'는 옛 성현의 가르침을 따라 정도를 지킬 줄 알아야 한다.

그런데 과연 돈은 많을수록 좋을 것일까? 더 많은 돈을 가지면 더 좋은 집에서 맛있는 음식을 먹고 좋은 옷과 물건을 사용할 수 있으니 삶의 질은 향상되고, 더 행복하게 살 수 있는데 왜 돈의 노예가 된다고 말하는 걸까?

인생의 행복과 즐거움은 소유한 재물의 양과 비례하지 않는다. 과거에도 그랬고, 현재도 그러며, 아마 미래에도 그럴 것이다. 행복과 즐거움은 마음가짐에 달린 주관적인 감정이기 때문이다.

'콩 심은 데 콩 나고, 팥 심은 데 팥 난다'는 말처럼 이익과 재물의 씨앗을 심으면 탐욕의 열매가 열릴 것이다. 행복과 즐거움은 마음에서 비롯되는데, 마음이 재물에 대한 욕심으로 더럽혀지면 돈을 아무리 벌어도 만족하지 못하고 공허할 뿐이다. 진정으로 인생의 참뜻을 이해한 사람은 돈을 벌기 위해 아등바등하지 않으며, 살면서 느낄 수 있는 즐거움과 행복을 최대한 누리기 위해 노력한다.

빌 게이츠는 그에게 돈을 꿔달라는 친구들에게 종종 이렇게 말한다.

"네가 무한대의 돈을 가지게 되면 남들과 다른 엄청난 행복을 누릴 수 있을 것 같지만, 사실은 그렇지 않아. 사람이 어느 정도 이상의 돈을 소유하게 되면, 그때부터 돈은 그저 숫자에 불과해지지. 아무런 의미도 없어지는 거야. 나는 단지 재물의 관리인에 불과해. 따라서 가장 적절한 방식으로 그것을 사용해야 해."

빌 게이츠는 자신의 은행 계좌에 돈이 얼마나 있는지, 주식이 얼마나 올랐는지 관심이 없다. 그는 그것을 투자하거나 기부하는 방식으로 더 나은 삶의 의미를 부여하기 위해 노력한다.

탐욕에 두 눈이 멀어서는 안 된다. 돈을 가볍게 대하는 법을 배우는 것이 좋다. 돈에 대한 집착을 버려야 한다. 그리고 돈의 주인이 되어 아무 때고 갖다 버릴 수 있는 태도가 필요하다. 그러면, 인생의 희로애락을 받아들이며 마음의 평화와 행복을 누릴 수 있다.

살면서 소유할 수 있는 것은 돈이 다가 아니다. 사랑과 우정, 믿음 등 우리가 추구해야 할 가치는 아주 많다. 그러니 평생 돈만 좇느라 불행해지는 일은 없어야겠다. 돈의 노예가 되지 말고 돈의 주인이 되면 더 큰 인생의 가치를 느낄 것이다.

손바닥을 펼쳐라

주먹을 꽉 쥐면 아무것도 가질 수 없고,
주먹을 펼치면 전 세계를 얻을 것이다.

명예와 지위, 재산에 눈먼 탐욕스러운 이들은 눈에 보이는 건 뭐든지 끌어모으려 하고 그것을 잃어버릴까 봐 전전긍긍한다. 또한 명예도, 돈도, 사랑도, 사업도 손에 한 번 들어온 것은 절대 내놓지 않는다. 그들은 손에 쥔 것을 놓치지 않으려고 안간힘을 다 쓰며 살아간다. 하지만 소유한 것이 많아질수록 행복과 즐거움에서 멀어질 뿐이다.

주방에서 식사를 준비하던 여자는 네 살짜리 아들의 자지러지는 울음소리를 듣고 깜짝 놀라 달려갔다. 아들은 꽃병에 손이 낀 채로 이러지도 저러지도 못하고 하염없이 눈물만 흘리고 있었다.

여자는 아들의 손을 빼내기 위해 갖은 방법을 다 동원했지만 아무리 해도 빠지지 않았다.

시간이 흐를수록 아들의 얼굴은 눈물과 콧물 범벅이 되어갔고 꽃병에 꽉 낀 손목도 피가 통하지 않아 새빨갛게 변해갔다. 여자는 얼마간 고민하더니 망치를 가져와 꽃병을 깨뜨렸다. 아들이 다치지 않도록 천천히 꽃병을 깨고 손을 꺼냈는데, 아들은 손을 둥글게 만 채였다.

여자는 아들의 손이 너무 오랫동안 껴 있어서 잘 펴지지 않는 줄 알고 걱정하며, 서서히 손을 풀어주었다. 다행히 아들의 손은 멀쩡했다. 그런데 손가락을 다 펼쳐서 아들이 손에 쥐고 있던 것을 보고 난 여자는 다시 한 번 깜짝 놀라고 말았다. 그것은 바로 5펀(1위안의 100분의 1)짜리 동전이었다. 그리고 여자가 망치로 깬 꽃병은 3만 위안에 달하는 고가의 골동품이었다.

5펀짜리 동전을 위해 3만 위안짜리 골동품을 깼다는 이야기는 황당하고 우스꽝스럽게 느껴진다. 하지만 네 살밖에 안 된 어린아이가 저지를 법한 이런 일은 어른들 세계에서도 흔히 일어난다. 손에 동전을 쥐고 놓지 않으려는 사람들은 그것이 원래 자기 소유라고 생각하기 때문에 잃어버리는 것을 극도로 두려워한다. 그러나 탐욕을 버리고 꽉 쥐고 있던 주먹을 펼칠 줄 알아야 한다. 주먹을 꽉 쥐면 아무것도 가질 수 없고, 주먹을 펼치면 전 세계를 얻을 것이다.

어느 날, 한 브라만이 꽃병을 들고 부처를 찾았다. 부처가 브라만에게 말했다.

"내려놓거라!"

브라만은 왼손에 들고 있던 꽃병을 내려놓았다. 부처가 다시 말했다.

"내려놓거라!"

브라만은 오른손에 들고 있던 꽃병도 내려놓았다. 그런데 이번에도 부처는 말했다.

"내려놓거라!"

부처의 말뜻을 이해하지 못한 브라만이 물었다.

"두 손에 들고 있던 것을 다 내려놓아서 더 이상 내려놓을 게 없습니다. 무엇을 내려놓으라는 건지 알려주십시오."

부처가 말했다.

"내가 내려놓으라고 한 것은 꽃병이 아니라, 네 육근(불교에서 죄의 근본이라고 여겨지는 눈, 귀, 코, 혀, 몸)과 육진(불교에서 마음을 더럽힌다고 여겨지는 색色, 성聲, 향香, 미味, 촉觸, 법法), 육식(안식眼識 · 이식耳識 · 비식鼻識 · 설식舌識 · 신식身識 · 의식意識)을 말한 것이다. 이것을 모두 내려놓으면 생사질곡의 고통에서 해방될 것이다."

사람들은 자신이 가진 것들을 꽉 쥔 채 살아가지만, 그들이 쥐고 있는 것은 욕망덩어리에 불과하다. 욕망은 모든 것을 태우고 잿더미로 만들어버리는 불처럼 공허한 것이다. 따라서 탐욕이 고개를 들려고 하면 마음을 가다듬고 유혹을 떨쳐내자.

명예나 사회적 지위, 재산에 집착하지 않고 '내려놓음'의 철학을 익힌다면 복잡한 것은 단순해지고, 모호하던 것은 명백해지며, 혼란스러웠던 것은 담백해진다. '내려놓음'은 마지막에 그려 넣는 용의 눈동자이자 깊은 사색 후에 찾아오는 평화와 같다. 따라서 내려놓으면 인생이 행복해지고, 마음이 편안해질 것이다.

왕샤오야가 진행하는 퀴즈 프로그램에는 지혜롭고 똑똑한 시청자가 많이 참여한다. 출연자는 3개의 퀴즈를 모두 맞히면 상품을 타고 끝낼 수도 있고 계속 도전하여 더 큰 상품을 가져갈 수도 있다. 처음 3개의 퀴즈를 맞힌 출연자에게 왕샤오야는 묻는다.

"계속하시겠습니까?"

계속하여 성공하면 더 큰 상품을 차지하지만, 실패하면 다시 원점으로 돌아가 아무것도 가지지 못하게 된다. 총 12개의 퀴즈를 모두 맞히는 출연자는 거의 없지만, 대부분의 사람이 더 큰 성공을 거머쥐기 위해 '계속'을 선택한다.

하지만 과감히 '포기'를 선택한 출연자도 있다. 그는 3개의 보너스 힌트까지 다 써서 아홉 번째 퀴즈까지 모두 맞혔다. 다음 도전을 앞두고 왕샤오야가 물었다.

"계속하시겠습니까?"

출연자는 깊이 생각에 잠긴 듯하더니 잠시 후 말했다.

"포기하겠습니다."

왕샤오야가 다시 물었다.

"정말 포기하시겠어요? 후회하지 않으실 거죠?"

출연자가 웃으며 답했다.

"네, 후회하지 않습니다! 인생은 많이 버린 만큼 돌아오는 것이니까요!"

관중석에서 우레와 같은 박수 소리가 들려왔다.

가장 어리석은 자는 소유하려고만 하고, 자신이 가진 것들을 당연시하며, 아무것도 버릴 줄 모른다. 물욕과 허영으로 가득 찬 배는 항해 중에 좌초되고 말 것이다. 지금부터라도 마음속 욕망을 내려놓을 줄 알아야겠다.

포기할 줄 아는 자는 욕망의 꼭두각시로 전락하지 않으며, 더 이상 혼란과 불안 속에 벌벌 떨 필요도 없다. 포기할 줄 아는 자는 맑고 환한 눈으로 인생의 아름다운 풍경을 감상하며, 편안한 마음으로 유혹의 손길을 뿌리칠 수 있다. 포기하고 내려놓아라. 행복이 눈앞에 펼쳐질 것이다. 🐈

함께 나누어라

좁은 길에서는 다른 사람을 위해 한 걸음 물러나고,
맛있는 음식은 삼등분으로 덜어서 다른 사람과 함께 맛보아라.

사람은 누구나 약간의 이기심을 가지고 있지만, 그것이 지나치면 탐욕이 된다. 자기만 생각하고 남을 배려할 줄 모르는 사람은 피도 눈물도 없어서 결국 사람들에게 해를 끼치고 만다.

어느 날, 도전 정신으로 무장한 두 청년이 사막 횡단을 계획했다. 그들은 만일을 대비해 충분한 물과 식량을 준비하고 사막으로 떠났다. 그런데 폭풍이 불어 두 사람은 사막 한가운데서 길을 잃고 말았다. 올바른 방향을 찾지 못한 채로 시간이 흐르는 동안 물과 식량도 눈에 띄게 줄어들었다.

며칠 뒤, 그들에게는 빵 한 봉지와 물 한 통밖에 남지 않았다. 그때, 이기심이 발동한 그들은 서로를 믿지 못해 빵과 물을 한 사람이 다 가지고 있어서는 안 된다고 생각했다. 그래서 한 사람은 빵을, 또 한 사람은 물을 챙겼다. 하지만 지나친 이기심 때문에 상대에게 자신이 가진 것을 나눠주려 하지 않았다. 결국 빵을 챙긴 사람은 목말라서 죽고, 물을 챙긴 사람은 배가 고파서 죽었다.

이기심에서 자란 탐욕은 모든 악의 뿌리다. 이기적인 사람은 타인과 가까워지기 어려우며, 기쁜 일이든 슬픈 일이든 있는 그대로 받아들이지 못하여 스스로를 불행하게 만든다.

《채근담》에 이런 글이 있다.

'좁은 길에서는 다른 사람을 위해 한 걸음 물러나고, 맛있는 음식은 삼등분하여 다른 사람과 함께 맛보아라.'

즉, 함께 나누면 서로에게 유리하다는 말이다. 기쁨은 함께 나누면 배가 되고, 슬픔은 함께 나누면 반으로 줄어든다.

한 청년이 교통사고로 목숨을 잃고 하늘나라에 가게 되었다. 그곳에서 신을 본 청년이 물었다.

"제가 살던 이승에서는 천국과 지옥에 관한 말이 아주 많습니다. 천국과 지옥은 도대체 어떻게 다른가요?"

신은 대답하지 않고 직접 청년에게 천국과 지옥을 보여주기로 했다. 한기로 가득한 지옥에는 굶주려서 피골이 상접한 영혼이 많았다.

"이곳의 영혼들은 왜 이렇게 말랐나요? 마치 아무것도 못 먹은 것 같아 보여요."

청년은 겁먹은 눈빛으로 신에게 물었다.

"저쪽을 보거라."

신이 가리킨 곳에서 영혼들은 산해진미가 차려진 식탁에 앉아 식사를 하고 있었다. 그런데 젓가락이 너무 길어 음식을 집어도 입으로 가져오지 못하고 중간에 떨어뜨리길 반복했다. 그들은 맛있는 음식을 눈앞에 두고도 배를 전혀 채울 수 없었다.

다음으로 신은 청년과 천국으로 향했다. 그런데 천국의 모습도 지옥과 별반 다르지 않았다. 산해진미가 차려진 식탁에 둘러앉은 영혼들은 기다란 젓가락을 가지고 있었던 것이다. 단지, 천국의 영혼들은 젓가락으로 집은 음식을 자신의 입이 아닌 상대방의 입에 넣어주고 있었다. 그들의 얼굴은 하나같이 혈색이 좋고 윤기가 흘렀다.

지옥과 천국의 차이는 단 하나였다. 지옥의 영혼들은 이기적이라서 오직 자신밖에 모르지만, 천국의 영혼들은 타인을 배려하고 나눌 줄 알았다.

'나눔'은 개인뿐 아니라 기업의 차원에서도 배워야 할 덕목이다. 마이크로소프트나 인텔 같은 다국적기업의 성공 비결도 '나눔'을 잘 실천했다는 것이다.

우리는 결코 탐욕과 이기심의 노예가 되어서는 안 된다. 그런 욕심이 불쑥 고개를 들 때마다 '상대를 위해 내가 나누어줄 수 있는 것은 무엇인가?'를 생각해보자. 그러면 서로에게 유리한 결과를 이끌어낼 수 있을 것이다. 장미꽃을 선물하면 내 손에도 향이 남는다는 사실을 기억하자.

좁은 길에서는 다른 사람을 위해 한 걸음 물러나고,
맛있는 음식은 삼등분하여 다른 사람과 함께 맛보아라.

만족의 즐거움을 누려라

'만족함'은 뿌리요, '즐거움'은 열매다.
'만족함'이 깊어지면 풍성한 '즐거움'의 열매가 열릴 것이다.

누구나 욕구와 욕망을 가지고 산다. 그 욕구와 욕망은 자신의
능력과 사회적 제한에서 벗어나지 말아야 한다. 지나친 소유욕
과 탐욕에 빠진다면 행복한 삶에서 멀어질 수밖에 없다.
'사람의 욕심은 끝이 없다'는 말에 관한 이야기가 있다.

옛날, 상이라는 남자가 있었다. 상은 매일 산에서 나무를 하여 마
을 사람들에게 팔아 생계를 유지했다. 어느 겨울, 상은 나무를 하
러 산에 갔다가 꽁꽁 언 뱀을 발견하고 집으로 데려와 따뜻하게
녹여주었다.
상의 도움으로 목숨을 건진 뱀은 감사의 뜻으로 상의 소원을 들

어주겠다고 했다. 그 말을 들은 상은 천군만마를 얻은 것처럼 기분이 좋았다. 고심 끝에 상은 뱀에게 매일 먹을 것과 입을 것이 떨어지지 않게 해달라는 소원을 빌었다.

시간이 흘러, 국왕이 큰 병에 걸려 뱀의 눈으로 만든 약이 필요하다는 얘기가 들려왔다. 뱀의 눈을 가져오는 자에게는 높은 벼슬과 녹봉을 하사한다고 했다.

상은 뱀을 찾아가 도와달라고 청했다. 그러자 뱀은 한 치의 망설임도 없이 자신의 한쪽 눈을 뽑아 상에게 주었다. 뱀의 눈을 국왕에게 바친 상은 약속대로 높은 벼슬과 녹봉을 하사받았다. 그의 삶은 하루아침에 '지옥'에서 '천국'으로 바뀌었고, 매일 호화로운 생활을 하게 되었다.

얼마 후, 국왕이 가장 아끼는 공주가 병에 걸렸는데 뱀의 간이 있어야 치료할 수 있다고 했다. 국왕은 뱀의 간을 가져오는 자를 부마로 삼겠다고 약속했다. 그리하여 상은 다시 뱀을 찾아가 자초지종을 설명했다. 뱀은 이번에도 상이 자신의 간을 잘라갈 수 있게 기꺼이 입을 벌려주었다. 뱀의 간으로 공주의 병을 고친 상은 약속대로 공주의 짝이 되었다.

어느 날, 국왕은 몸에 좋은 뱀의 간을 평소에도 조금씩 먹을 수 있으면 좋겠다는 말을 지나가듯이 했다. 그 말을 들은 상은 국왕에게 잘 보이고 싶은 마음에 다시 뱀을 찾아갔다. 뱀은 이번에도 흔쾌히 입을 벌려주었고 상은 기어서 입 안으로 들어가 간을 잘랐다. 그런데 간을 너무 많이 자르는 바람에 뱀은 고통에 몸부림치다 그만 입을 다문 채 기절하고 말았다. 상은 뱀의 배 속에 갇혀 질식사했다.

누구나 부족함 없이 행복하게 살길 원한다. 하지만 이런 희망이 비정상적인 욕구나 무절제한 탐욕으로 바뀐다면 벗어날 수 없는 늪에 깊이 빠져들고 만다. 따라서 탐욕의 불씨가 타오르기 전에 마음을 차분하게 가라앉혀야 한다. 진정한 인생의 즐거움을 누리기 위해서는 만족할 줄 아는 지혜가 필요하다.

《논어 · 검욕》에 '지족상락知足常樂'이라는 말이 있다.

'죄는 욕심이 많은 것보다 큰 것이 없고, 화는 만족함을 알지 못하는 것보다 큰 것이 없으며, 허물은 가지려고 하는 것보다 큰 것이 없다. 따라서 있는 그대로에 만족할 줄 알면 늘 즐겁다罪莫大於可欲, 禍莫大於不知足, 咎莫大於欲得, 故知足之足, 常足.'

즉, '지족상락'은 욕망과 현실 사이의 균형을 찾을 수 있을 때 실현 가능한 것이다.

물이 반쯤 담긴 컵을 보고 탐욕스러운 사람은 "재수가 없군! 물이 반밖에 없어"라고 하지만, 만족할 줄 아는 사람은 "다행이야! 물이 반이나 남았네"라고 말하는 것과 마찬가지다. 따라서 행복은 물질이 아니라 만족할 줄 아는 마음에 달렸다.

옛말에 '만족할 줄 아는 자는 가난해도 행복하고, 만족할 줄 모르는 자는 부유해도 근심이 많다'고 했다. 그러니 자신이 가진 것을 소중히 생각하고 현재 이룬 목표를 최대한 누리며 진심으로 만족할 줄 알아야겠다.

소크라테스는 결혼하기 전에 친구들과 작은 집에서 같이 살았는데, 불편했지만 늘 웃으며 생활했다. 한 친구가 물었다.

"좁은 곳에 여러 명이 같이 모여 사는데 뭐가 그리 즐거운가?"

소크라테스가 대답했다.

"언제나 함께 토론하고 정을 나눌 수 있으니 어찌 즐겁지 않겠는가?"

시간이 흘러 친구들이 모두 이사해 소크라테스 혼자만 남게 되었는데 그는 여전히 즐거워 보였다. 한 친구가 물었다.

"여럿이 같이 살다가 혼자만 남아 외로울 텐데 뭐가 그리 즐거운가?"

"조용해서 책 읽기에 더할 나위 없이 좋으니 어찌 즐겁지 않겠는가?"

몇 년 뒤, 소크라테스는 7층짜리 건물의 1층으로 이사했는데 위층 사람들이 오수와 쓰레기를 함부로 버리는 바람에 주변이 늘 지저분했다. 그런데도 늘 즐거운 소크라테스를 보고 사람들이 이유를 물었다. 소크라테스가 말했다.

"일층에 살면 출입이 편리하고 정원도 가꿀 수 있잖아요. 그러니 얼마나 즐거워요?"

얼마 후, 7층에 살던 노인이 계단을 오르내리기 불편하다는 이유로 소크라테스와 방을 바꿔달라고 요구했다. 그는 흔쾌히 노인의 요구를 들어주었다. 사람들은 여전히 기분이 좋은 이유를 물어보았다. 그러자 소크라테스는 이렇게 말했다.

"좋고말고요! 위에서 괴롭힐 사람이 없으니 온종일 조용히 지낼 수 있고, 매일 계단을 오르내리면 운동도 되잖아요. 햇빛이 잘 들어오니 책을 볼 때도 안성맞춤이죠."

'만족함'은 뿌리요, '즐거움'은 열매다. '만족함'이 깊어지면 풍성한 '즐거움'의 열매가 열릴 것이다. 질병의 고통을 생각하면 건강한 것이 복이고, 굶주림의 고통을 생각하면 배불리 먹을 수 있는 것이 복이고, 생활고를 생각하면 달관의 경지에 이르는 것이 복이고, 어지러운 세상을 생각하면 태평성대에 사는 것이 복이다.

편안한 마음으로 만족할 줄 알며 현실을 기꺼이 받아들이는 태도가 중요하다. 그래야 거친 비바람이 몰아치는 인생 여정을 평온하게 건널 수 있다.

행복은 물질에서 나오는 게 아니라 만족할 줄 아는 마음에서 나온다. 따라서 자신이 가진 것들을 소중히 생각하며 진심으로 만족하는 사람만이 행복에 가까이 다가설 수 있다. 🐾

행복은 물질에서 나오는 게 아니라
만족할 줄 아는 마음에서 나온다.

노자는 "화는 복에 기대 있고, 복에는 화가 숨어 있다"라고 했다.
인생의 수많은 부침 속에서 한 번의 성공으로 우쭐거리느라
배후에 있는 그림자를 보지 못하는 사람이 있고,
한 번의 실패로 의기소침해 있느라 배후에 있는 기회를 보지 못하는 사람도 있다.
'인생은 새옹지마'라는 말처럼 지금의 실패가 성공으로 이어질지 어떻게 알겠는가?

성공의 꽃을 꽃병에 꽂아라

등반가가 정상에 올랐다고 이성을 잃으면
천 길 낭떠러지로 떨어지고 만다.

누구나 성공을 바란다. 그런데 성공했을 때가 가장 위험한 순간임을 명심하자. 인생의 가장 중요한 것들은 작은 행동 하나로 결정되는 법이다.

크게 성공하여 온갖 명예와 부를 거머쥐면 마음이 붕 뜨고 흥분된 상태가 지속된다. 심지어 자신이 누군지조차 잊어버려 어리석은 행동을 하기도 한다.

따라서 평소에 이성적인 태도를 유지해야 한다. 성공을 거두었을 때는 더욱 그런 태도가 요구된다. 차분하게 자신을 객관적으로 바라보면 현재 이룬 성공이 아주 미미한 수준임을 깨닫게 될 것이다.

명장 관우는 화웅의 목을 베는 것으로 두각을 드러내기 시작했다. 그는 유비를 만나러 갈 때 다섯 관문을 돌파하며 여섯 장수를 죽여 용맹을 떨쳤고, 백마 전투에서 조조를 위해 안량과 문추를 베 공을 세우기도 했다. 또한, 청룡도 한 자루만 들고 홀로 적장을 찾아가는 대담함까지 갖추었다.

관우는 세간의 환호와 칭찬에 도취되어 자신감이 하늘을 찔렀다. 하지만 자신감이 커질수록 그의 이성은 마비되어갔고, 자신의 담력과 능력을 과신하기에 이르렀다. 관우는 유비가 자신을 오호대장군으로 책봉했다는 소식을 듣고는 비록 오호대장군이 높은 자리이긴 하나 마초와 같은 벼슬임을 알고 거절한다. 유비의 세력이 계속 확장되는 상황이었기에 관우는 자신이 누구도 대체할 수 없는 명장이라고 자만했다.

관우는 유비와 제갈량의 간곡한 당부를 무시하고, 마량의 건의도 듣지 않은 채 적은 병사만 가지고 형주에 남으며 "동오의 쥐새끼들은 전혀 두렵지 않아!"라고 외쳤다. 그렇게 안일한 마음으로 형주를 지키던 관우는 결국 패하여 맥성으로 도망가던 중 잡혀서 죽임을 당하고 말았다.

관우는 평생 전쟁을 치른 영웅으로서 언제나 환호와 박수갈채를 받으며 살았다. 하지만 안타깝게도 그는 마음을 가라앉히지 못해 가야 할 방향을 잃고 자만의 늪에 빠졌다. 그가 마지막 전투에서 패한 것은 당연한 결과다.

등반가가 정상에 올랐다고 이성을 잃고 잘난 척하다가는 천 길 낭떠러지로 떨어지고 만다. 성공한 사람일수록 마음을 안정시키고 자신을 객관적으로 바라볼 필요가 있다. 성공하고도 자제력을 유지하며 이성적으로 행동하는 사람은 성공에 연연하지 않고, 상황을 정확하게 판단할 줄 안다.

1666년 초, 아이작 뉴턴이 세 가지 운동법칙을 발견하자 사람들은 그를 '역학의 아버지', '역학의 일인자'로 칭송했다. 하지만 뉴턴은 잘난 척하거나 자만하지 않았다.

"다른 사람들이 저를 어떻게 볼지 모르겠지만, 저는 그저 바닷가에서 뛰노는 어린아이나 마찬가지예요. 가끔 예쁜 조약돌이나 조개 껍데기를 찾으면 신나서 펄쩍펄쩍 뛰어요. 하지만 끝없는 진리의 바다에 비하면 그건 아무것도 아니랍니다."

뉴턴은 자신이 이룬 업적을 무한한 진리에 비유하며 겸손한 태도를 취했다. 그는 계속 연구에 매진하여 만유인력의 법칙을 발견했으며, 광학과 미적분 영역에서도 역사적인 쾌거를 이루었다. 또한, 1687년에《자연철학의 수학적 원리》를 발표하여 현대 과학의 발전에 지대한 공헌을 했다.

당시 국제학술계는 수많은 업적을 쌓은 뉴턴을 가장 영향력 있는 과학자로 치켜세웠다. 하지만 뉴턴은 여전히 겸손함을 잃지 않았다.

"제가 남들보다 조금 더 앞서나갈 수 있었던 것은 전 세대 과학자들의 노력 덕분입니다."

뉴턴이 위대한 진리를 발견할 수 있었던 것은 성공 앞에서도 자만하지 않고 냉정함을 유지할 줄 아는 태도 덕분이었다.

이처럼 냉정함은 성공의 시금석이자 전제조건이다. 작은 성취를 달성했을 때 사람들에게 둘러싸여 환호와 박수갈채를 받는 순간에도 냉정함을 유지하는 사람만이 더 큰 성공으로 나아갈 수 있다.

먼지 속에서 꽃을 피워라

먼지 속에서도 화려하지 않고 소박한 꽃을 피우면
만물의 기운과 해와 달의 빛을 흡수할 수 있다.

회사나 기타 영역에서 좋은 성과를 올렸을 때 사람들에게 서둘러 알리고 싶은 것은 인지상정이다. 하지만 타인에게 인정받으려는 태도는 오히려 일을 망치거나 해를 미칠 수 있다.

어느 날, 한 청년이 법문사 주지인 석원대사를 찾아왔다.

"스님, 저는 오로지 서화를 배우고 싶은 일념으로 전국 각지를 떠돌았는데 아직까지 제대로 된 스승을 만나지 못했습니다. 유명한 서화가들은 대부분 소문만 화려하지 실력은 보잘것없었으며, 심지어 저보다 못한 자들도 있었습니다!"

석원은 미소를 지으며 말했다.

"시주의 실력이 그렇게 좋다면 이 노승에게 서화 한 장 그려주시겠습니까? 저는 평소 차를 즐겨 마시니 찻잔과 찻주전자를 그려주시면 어떤지요?"

청년은 흔쾌히 붓을 들어 찻잔과 찻주전자를 그리기 시작했다. 찻주전자의 주둥이에서 차가 찻잔으로 떨어지는 서화가 완성되었다. 서화를 본 석원대사는 고개를 가로저었다.

"찻주전자와 찻잔의 위치가 잘못되었군요. 찻잔은 위에 있고 찻주전자는 아래 있어야 맞지요."

청년이 웃으며 말했다.

"무슨 말도 안 되는 소리예요? 찻주전자에서 찻잔으로 차를 따르는데 어떻게 찻잔이 위에 있다는 말이죠?"

석원대사가 대답했다.

"당신도 이치를 알고 있군요! 하지만 당신은 자신의 잔에 서화고수들의 차를 따르고 싶어 하면서도 자신의 잔을 그들의 찻주전자보다 높이 들고 있지 않나요? 그러니 찻잔이 채워질 리 없지요. 다른 사람의 지혜와 경험을 원한다면 우선 자신을 낮추어야 할 겁니다."

석원대사의 말은 청년의 실력이 아무리 뛰어나더라도 가르침을 받고 싶다면 거만하게 굴지 말고 자신을 낮추어야 한다는 의미였다.

겸손한 자세로 세상을 보면 한 자의 길이가 짧아 보일 때가 있고, 한 치의 길이도 길어 보일 때가 있다. 또한, 현재 이룩한 업적이 얼마나 미미한 것인지, 자신의 단점은 무엇이고 다른 사람의 장점은 무엇인지 객관적으로 바라보게 된다.

'바다는 낮은 곳에 위치하므로 세상의 모든 강물이 모이고, 보살은 거만하지 않아서 공덕과 지혜를 얻었다'는 말처럼 성현도 자신을 낮추고 겸손한 태도를 취했는데 하물며 평범한 사람들이 잘난 척하며 거만하게 굴어서는 안 될 것이다. 따라서 재산과 명예를 가졌다고 우쭐거리거나 자신이 대단한 사람인 양 행동해서는 안 된다. 자신을 낮추고 남들의 장점을 본받아 끊임없이 노력하는 사람만이 계속 나아갈 수 있다.

세계적으로 성공한 사람들은 늘 겸손하며, 객관적으로 자신의 단점을 파악하고 그것을 보완하기 위해 최선을 다했다.

진정한 지혜와 재능은 겸손에서 나온다. 이러한 지혜와 재능은 밝은 달과 같아서 마음을 환하게 밝혀준다. 그렇기에 그들의 마음은 늘 평화롭고 고요하다. 따라서 늘 겸손하고 자신을 낮춰야 한다.

먼지 속에서도 화려하지 않고 소박한 꽃을 피우면 만물의 기운과 해와 달의 빛을 흡수할 수 있다. 바다가 모든 강물을 받아들여 넓고 깊어질 수 있는 이유는 가장 낮은 곳에 위치하기 때문이다. 이처럼 경쟁사회에서 성공하려면 자신을 낮추고 겸손하게 타인의 장점을 배우는 자세가 절실히 필요하다.

하루에 천 리를 가야
백락을 만날 수 있다

백락을 만나고 싶다면 천리마가 되어야 한다.

직장인이라면 누구나 높은 연봉을 받길 원하지만 능력을 인정받아 중요한 자리를 차지하기란 쉽지 않다. 이때 실망하여 자신이 아무 짝에도 쓸모없는 사람이라는 생각을 하면 자신의 능력을 의심하게 되고 움츠러들어 앞으로 나아가지 못한다. 그러면 갑자기 기회가 주어지더라도 자신의 능력을 제대로 발휘하기 어렵다.

샤오왕은 전자 제품 회사에 입사해 기술 개발 업무를 맡게 되었다. 그는 상급 기술자가 되기 위해 노력했지만 여러 이유로 중용되지 못했다. 크게 실망한 샤오왕은 승진을 포기하고 시간을 때

우는 식으로 업무를 처리했다.

어느 날 저녁, 샤오왕은 혼자 호프집에서 술을 마시다가 우연히 사장을 만나 합석했다. 그는 술이 몇 잔 들어가자 마음에 품었던 불만을 끄집어냈다.

"사장님은 직원들의 능력을 너무 몰라주시는 것 같습니다. 직원들에게 재능을 펼칠 기회를 주어야 하는 거 아닌가요?"

입사 4년 차인 샤오왕은 그다지 두각이 드러나지 않는 직원이었지만 사장은 앞으로 샤오왕에게 중요한 업무를 맡기겠다고 약속했다.

샤오왕은 뛸 듯이 기뻤다. 그는 이제야 애초에 가졌던 포부를 실현할 기회가 왔다고 생각했다. 하지만 그동안 그는 기술 연구를 게을리했기에 중요한 업무를 처리할 수 없었다. 샤오왕은 어쩔 수 없이 사장에게 단순한 업무를 하게 해달라고 요청했다.

회사에서 중요한 자리를 차지하지 못했다고 해서 모든 것을 포기하고 아무런 노력도 하지 않는다면, 결국 계속 나아가지 못할 것이다. 그러면 아무리 뛰어난 인재라도 기회를 잡지 못한다.

사실, 회사에서 어떤 업무를 맡고 있느냐는 중요한 문제가 아니다. 자신 스스로 어떻게 생각하는지, 앞으로 어떻게 할 것인지가 더 중요하다. 이성적으로 생각한다면 자신이 해야 할 일이 무엇인지 찾을 수 있을 것이다.

평생 평탄한 길만 걸을 수는 없지만, 웅덩이가 있다고 앞으로 나아가는 것을 포기해서는 안 된다. 마음을 가라앉히고 자신의 장단점을 파악하는 자세가 필요하다. 장점은 더 살리고 단점은 보완하여 앞으로 찾아올 기회에 대비해야 한다.

원원은 상하이 명문 대학의 수재로 졸업하자마자 무역 회사에 입사했다. 원원은 매일 서류를 복사하고 출력해 정리하는 단순한 업무를 맡게 되었다. 원원은 자신의 재능을 인정받지 못한 것 같아 실망했다. 그의 불평불만과 한숨은 날로 늘어가고 주어진 업무도 열심히 하지 않게 되었다.

어느 날, 원원은 자신의 맥 빠지고 우울한 얼굴을 발견했다.

'내 능력이 이 따위 사소한 일들을 처리하는 정도밖에 안 되는 걸까? 절대 아니야!'

그녀는 자신의 장점을 찾아보기로 했다.

'난 우선 꼼꼼하고 분석력이 뛰어나. 다른 장점도 많지만 말야.'

원원은 스스로 변하기로 결심했다. 그리고 매일 회사의 중요한 문서를 꼼꼼히 분석하고 재정 공부를 병행했다. 그러던 중, 재정 문서에서 문제를 발견한 그녀는 관련 자료를 수집하고 분석하여 문제를 개선할 수 있는 제안서를 작성해 보고했다.

사장은 원원의 자료와 분석을 보고 그녀의 재능과 노력에 감탄했다. 그 후로, 사장은 중요한 회의가 있을 때마다 원원에게 의견을 구했다. 시간이 흐를수록 사장은 원원을 신뢰하였고 그녀는 사장 비서실로 발령됐다.

윈윈이 성공의 기회를 잡을 수 있었던 이유는 무엇일까? 그것은 윈윈이 능력을 인정받지 못했을 때 객관적으로 자신을 바라보며 잘할 수 있는 일을 찾았기 때문이다.

유대인들이 세계적으로 부를 쌓을 수 있었던 이유도 마찬가지다. 그들도 처음에는 작은 상점을 운영하거나 용접공 같은 사회적으로 낮은 지위에 머물렀다. 하지만 그들은 자신의 장점을 빠르게 파악하고, 스스로를 소중하게 생각할 줄 알았다. 따라서 평범한 일을 하면서도 뛰어난 성과를 거둘 수 있었다.

옛말에 '묘목이 우람한 거목으로 성장할 수 있는 이유는 뿌리를 땅속 깊은 곳에 묻었기 때문이다'라고 했다. 잠시 남들에게 인정받지 못했다고 해서 자포자기하거나 자책할 필요는 없다. 기다리는 동안 자신의 장점을 발견하고 끊임없이 노력한다면 반드시 큰 거목으로 성장할 것이다! 🐈

과거는 생각하지 않습니다.
중요한 것은 끝없는 현재뿐이지요.

불완전한 '완벽'을 추구해라

모든 일을 완벽하게 처리할 필요는 없다.
불완전한 인생이 더 아름답다.

사람들은 모든 일을 완벽하게 처리하길 원하며, 어떤 일을 잘 처리하지 못하면 그것 때문에 남들의 실망을 살까 봐 두려워한다. 실수를 지나치게 두려워하고, 실수했을 때 자신을 심하게 자책하는 사람은 늘 기운이 없고 처져 있으며 정신적·육체적으로 아주 힘들어한다.

밍밍은 어릴 때부터 성적이 우수했다. 아이들이 흙장난을 하며 놀 때 밍밍은 어른들과 대화를 하며 시간을 보냈고, 늘 '신동' 소리를 들었다. 그래서였을까, 자부심이 대단했던 밍밍은 완벽주의를 추구했다. 그의 완벽주의는 같은 수학 문제도 세 번씩 풀어

봐야 안심하는 수준이었다. 밍밍은 영어를 특히 잘했는데, 언제나 만점을 받아야 직성이 풀리곤 했다.

시간이 흐를수록 밍밍의 완벽주의는 족쇄가 되었다. 그는 문제를 풀 때 거의 실수를 하지 않았는데도 학습 효과는 그다지 높지 못했고, 성적도 점점 떨어졌다. 급기야 그는 능력의 한계를 느꼈고, 극도의 불안감으로 숨을 잘 쉬지 못하는 지경까지 이르렀다.

세상에 완벽한 사람은 없으며, 완벽한 일도 없다. 마음을 가라앉히고 생각을 바꿔보면 새로운 세상이 열릴 것이다. 남들보다 뛰어나기를 바라지 말고 그저 주어진 일이 잘 마무리되기만을 바란다면, 자신의 능력을 충분히 발휘하고 좋은 성과를 얻을 수 있을 것이다.

미국의 전 대통령 프랭클린 루스벨트는 훌륭한 지도자였다. 어느 날, 기자가 훌륭한 지도자의 비결을 묻자 그는 이렇게 대답했다.

"저는 정책이 완벽하길 바라지 않습니다. 칠십오 퍼센트 정도만으로도 충분히 만족합니다."

모든 일에서 완벽을 추구한다면 우리는 고통과 절규 속에서 시간과 노력을 낭비하게 될 것이다. 루스벨트처럼 100% 완벽해지려고 하는 것보단 75%에 만족하는 자세가 필요하다.

아이러니하게도 완벽을 추구할수록 사람들은 완벽해질 수 없다. 자신의 능력과 잠재력을 믿어보자. 그러면 실수를 해도 실망하거나 우울해하지 않게 될 것이다.

세계적인 골프 선수 바비 존스는 영국과 미국의 오픈 및 아마추어 4대 선수권을 획득한 유일한 선수로 미국 골프 역사상 최고의 선수로 불린다.

골프 선수 초기, 바비는 모든 경기를 완벽하게 하려고 애썼다. 그러다가 뜻대로 되지 않을 때에는 골프채를 집어 던지거나 욕설을 퍼부었고, 심지어 화를 참지 못하고 골프장을 이탈하기까지 했다. 그런 바비의 성격 탓에 선수들은 그와 골프 치길 꺼렸고, 따라서 그의 기술도 향상되지 못했다.

어느 날, 바비는 한 번 망친 공은 깔끔하게 잊고 다음을 준비하는 것이 자신에게도 유리하다는 생각을 하게 되었다. 그때부터 그는 경기에서 실수를 하면 차분히 마음을 진정시키고 다음 공에 집중하려고 노력했다. 그렇게 경기를 승리로 이끌었다. 그때 바비는 말했다.

"매번 완벽한 공을 쳐야 한다는 기대를 버린 것이 저를 승리로 이끌었습니다."

불완전한 것도 인생의 일부이며, 누구나 실수를 하며 살아간다. 이러한 사실을 빨리 깨달을수록 원하는 목표에 가까워질 수 있다. 혹시 실수를 하고 실의에 빠졌다면 우선 완벽해지려는 생각을 버려보자. 자신의 능력을 최대한 발휘하여 열심히 임했다면 양심에 거리낌 없이 당당할 수 있다.

　모든 일에서 완벽해지려는 사람은 불쌍하다. 세상에 완벽한 일은 없기에 완벽을 추구하는 한 영원히 행복해질 수 없다.

　어떤 일을 완벽하게 처리하지 못했다는 것은 다른 측면에서 보면 유의미한 성과가 될 수 있다. 사람은 불완전한 존재이므로 실수했다고 실망할 필요는 없다. 그보다는 앞으로 자신이 노력해야 할 부분을 깨닫고 보완하는 태도가 더 중요하다.

　실수를 통해 자신의 진정한 가치를 발견한다면 성공의 길로 한 걸음 더 가까이 다가갈 수 있을 것이다.

순리에 따르라

욕망은 끝이 없고 인심은 정도가 있으니
순리에 따르는 것이 좋다.

행복은 언제 찾아올지 예측하기 어려우며, 구한다고 바로 얻
어지는 것도 아니다. 행복은 우리가 찾아 헤맬 때는 자취를 감췄
다가, 전혀 신경 쓰지 않을 때 불쑥 찾아온다.

수나라 유학자 왕통은 말했다.

"청렴한 자는 구하는 것이 없으니 항상 즐겁고, 탐욕스러운 자
는 만족할 줄 모르니 항상 근심 속에 산다."

마음에 욕심을 품으면 영원히 돌아올 수 없는 심연에 빠질 것
이다.

《논어》에서는 '죄는 욕심이 많은 것보다 큰 것이 없고, 화는 만
족함을 알지 못하는 것보다 큰 것이 없으며, 허물은 가지려고 하

는 것보다 큰 것이 없다'고 했다. 하지만 복잡한 세상의 중생이 욕망을 버리는 일은 말처럼 간단하지가 않다. 왕국유는 말했다.

"삶의 본질은 무엇인가? 욕망에 불과하다."

이 말은 삶과 욕망의 관계를 말해주는 동시에 사람과 욕망이 떼려야 뗄 수 없는 관계임을 말해준다.

인생은 소유하고 잃어버리기를 반복하며 소멸되는데 사람들은 '물질적 행복' 찾기에 여념이 없다. 또한, 돈과 집, 사회적인 지위 등의 목표를 빨리 달성하기 위해 골머리를 앓고 그 과정에서 상처받기 일쑤다. 하지만 이러한 것들은 얻기 어려운 법이라서 평생 불필요한 노력을 기울일 필요가 없다.

욕심은 끝이 없고 인심은 정도가 있으니, 순리를 따르는 것이 좋다. 누구나 욕심을 가지고 있으며 이것은 비난받을 일은 아니다. 다만, 욕심과 능력 사이에 균형은 필요하다. 세상에 좋은 것들은 넘쳐나며 사람들은 언제나 최대한 많은 것을 갖고 싶어 한다. 그러나 욕심이 지나치게 커지면 부담이 된다. 따라서 명리를 좇지 않고 뜻을 분명히 하여 편안함을 느낄 때 피곤하지 않게 살수 있다.

불가능한 것을 알고 행하지 않는 지혜와 가능한 것을 알면 반드시 행하는 지혜가 필요하다. 불가능하다는 사실을 알고서도 억지로 한다면 열심히 노력해도 헛수고로 돌아갈 것이다. 또한, 가능한 걸 알고도 행하지 않는 건 게으름을 피우는 것과 같다.

이처럼 둘 모두 '정도'가 중요하다.

어느 심리학자는 '순리에 따르는' 삶을 중요하게 생각했다. 즉, 사람들이 하는 많은 활동은 그들의 삶을 만족시키기 위한 것으로 모든 일을 빠르게 처리할 필요도 없고 행복을 찾기 위해 끝까지 갈 필요도 없다는 것이다. 이처럼 행복이란 근심 걱정 없이 편안하며 모든 것이 자연스러운 상태이다.

순리에 따르는 사람은 평상심을 유지하며 불가능한 일을 억지로 하지 않고 구할 수 없는 것을 애써 구하지 않는다. 아픈 사람은 건강을, 가난한 사람은 돈을, 혼자인 사람은 연인을 원한다. 하지만 지나친 욕심은 탐욕으로 이어질 가능성이 높다. '왕이 되면 신선이 되고 싶어 한다'는 말처럼 탐욕은 아무리 경계해도 지나치지 않다. 호랑이는 배가 부르면 주변에 풀을 뜯고 있는 사슴이 있어도 사냥하지 않는다. 그러나 사람들은 통장에 찍힌 '0'의 숫자가 계속 늘어나도 만족하지 못한다.

레오나르도 다 빈치는 말했다.

"욕망을 통제하지 못하는 사람은 동물이나 마찬가지다."

한나라 유방의 손자 유안은 "과욕을 부리면 근심이 생기고 대비를 하지 않으면 손해를 본다"고 했다. 순리에 따라 욕망을 적절히 통제할 줄 아는 사람은 그것을 원동력으로 더 나은 미래로 나아갈 수 있다. 하지만 과욕을 부리면 탐욕의 늪에 빠져 스스로 화를 자초하게 될 것이다.

한 대기업에서 운전기사 채용 공고를 냈다. 심사를 거쳐 세 명에게 최종 면접의 기회가 주어졌다. 면접관이 물었다.

"절벽 근처에 황금이 있다면 여러분은 절벽에서 몇 미터 떨어진 곳까지 운전할 수 있을까요?"

첫 번째 사람이 대답했다.

"황금을 가져올 수 있다면 절벽에서 이 미터 떨어진 곳까지 갈 수 있습니다."

두 번째 사람이 말했다.

"저는 영 점 오 미터 떨어진 곳까지 갈 수 있습니다."

마지막으로 세 번째 사람이 답했다.

"저라면 절대 절벽 가까이 가지 않겠습니다. 절벽과 최대한 먼 곳으로 가겠습니다."

최종 합격자는 세 번째 사람이었다.

욕심을 버리고 현재 자신이 소유한 것들을 소중히 여길 줄 알아야 한다. 레프 톨스토이는 말했다.

"자신이 가진 것들을 사랑하라."

사람들은 타인이 베풀어주는 관심에 감동하지만, 정작 가족이나 주변 지인들의 사랑은 가볍게 여긴다. 이것이 바로 베일러 법칙이다. 베일러 법칙에 따르면, 쉽게 얻을 수 있는 것일수록 대수롭지 않게 생각하고, 얻기 어려운 것일수록 더 가지고 싶어 한다.

사람이 평생 사용할 수 있는 시간과 노력은 제한적이다. 유한

한 시간과 노력으로 성공한 인생을 살기 위해서는 가치 있는 일에 집중해야 한다. 목표를 정하고 실질적인 노력을 기울이되, 다른 사람들과 비교하거나 그들의 의견에 좌지우지돼서는 안 된다. 불가능한 일은 하지 않고 구할 수 없는 것은 구하지 않는, 이른바 순리에 따르는 지혜가 필요하다.

PART 2

세상이 소란스럽다면
마음을 고요하게 다스려라

물이 얕으면 소란스럽고 물이 깊으면 고요하다. 고요함은 일종의 정신 수양이자 아름다움의 극치다. 소란스러운 세상의 고요함은 최고의 경지다. 내면의 소리에 귀를 기울이고 진정한 자신의 모습을 되찾아라. 말없이 자리를 지켜온 거대한 산과 광활한 사막을 보며 생명의 위대함과 깊이를 깨달아라. 그것이 바로 고요함이다.

돈만 있으면 뭐든지 할 수 있다고 생각하는가?
아니면 속세와 떨어져 초연하게 살아가길 원하는가?
마음을 비우면 돈이 구더기와 같은 벌레처럼 보이고
명예도 거울 속에 비친 꽃과 달처럼 느껴진다.
또한, 필요한 것이 있으면 취하고 버려야 할 때는 미련 없이 버림으로써
한 치의 얽매임도 없이 편안함을 느낄 수 있다.

한결같은 사람이 되어라

길모습은 꽃처럼 화려한데 속은 냄새나는 술지게미 같다면?
마음을 다스리고 자신을 돌아보는 시간이 필요하다.

사람들은 체면을 중요하게 생각한다. 체면은 사람의 성격, 자
존감, 명예, 위신, 영향력 등과 깊은 관련이 있기 때문이다. 체면
을 중시하는 모습은 허영심의 또 다른 표현 양식이다. 물론 정도
를 적절히 유지하면 마음의 안정과 즐거움을 보장하는 한편 목
표를 달성하기 위한 긍정적인 행동을 촉진할 수 있다.

캐런 휴스는 2005년 9월, 미국 국무부 차관보로 임명되었다. 그
녀는 조지 부시 대통령과 텍사스 주에서부터 워싱턴까지 함께
일한 인재였다. 휴스는 수년간 분신처럼 부시 옆을 지켰으며, 각
종 언론으로부터 미국의 '홍보대사'라는 별명까지 얻었다.

사람들은 훗날 휴스가 차관급 자리까지 꿰찰 수 있을 것으로 예상했지만 뜻밖에도 그녀는 평범한 유치원 교사로 발령이 났다. 그러자 사람들은 이렇게 수군거렸다.

"국무부 차관보에서 유치원 교사라니, 정말 알다가도 모를 일이군."

사람들의 온갖 추측과 해석에 휴스는 이렇게 말했다.

"전 그 결정에 아무런 의의도 없습니다. 그다지 놀랄 일도 아니고요. 중요한 것은 제가 그 일에 자부심을 느끼며 즐겁게 임하는 것입니다. 예전의 제 생활은 오로지 일밖에 없었어요. 허영심 때문에 그런 생활을 계속하고 싶지는 않아요. 전 지금 아주 만족합니다."

허영심 때문에 구차하게 굴거나 콩이야 팥이야 시시콜콜 따지며 살 필요는 없다. 생각이 깨어 있는 사람은 마음을 고요하게 다스릴 줄 알며, 명예와 부를 중요하게 생각하지 않는다.

진정한 '체면'은 공허한 마음이 아니라 뛰어난 재능과 학문, 성실함을 바탕으로 형성된다.

마음의 청정 지역을 지켜라

마음의 청정 지역을 지키고 명예로부터 자유로워져라.

마음의 청정 지역을 지키지 못하면, 보이지 않고 잡히지 않는 헛된 명성을 추구하느라 심리적인 균형을 잃고 몸과 마음이 피곤해질 것이다. 당나라 시인 오균이 남긴 '헛된 명성이 오래가니 피곤하여 하던 일을 그만두려 한다'는 말도 같은 의미다.

《채근담》에도 이런 말이 있다.

'사람들은 명성과 지위를 얻어야 행복해지는 줄 알지만, 명성과 지위를 가지지 않고도 행복한 것이야말로 진정한 행복이다. 사람들은 헐벗고 굶주리는 것을 걱정하지만, 잘 먹고 잘 입으면서도 정신적인 고통에 시달리는 것이 진정한 고통이다.'

영국 소설가 윌리엄 새커리의 대작《허영의 시장》에 등장하는 여주인공 베키 샤프도 헛된 명성을 좇는 전형적인 인물이다.

베키 샤프는 가난한 집안 출신으로, 화가 아버지와 오페라 배우 어머니가 모두 죽자 무일푼으로 세상에 던져졌다. 가난에 지친 베키의 유일한 꿈은 런던으로 건너가 상류사회의 귀부인이 되는 것이었다.

베키는 자신의 매력적인 미모를 이용하기로 작정하고 런던으로 넘어갔다. 그곳에서 부유하고 신분이 높은 남자들을 유혹해 상류사회로 진출하는 데 성공하지만, 사람들은 그녀의 아름다운 외모에만 신경 쓸 뿐이었다. 그녀는 마틸다 부인의 하녀에게조차 경멸의 시선을 받는다.

참혹한 현실 앞에서 베키는 어찌해야 할지 몰랐다. 오직 상류사회 남자를 꾀어 결혼하겠다는 욕심만이 그녀의 공허한 마음을 위로해주었다. 그것은 일종의 신앙으로까지 여겨질 정도였다. 베키는 자신의 미모를 이용해 가문의 유력한 상속자로 알려진 로든의 환심을 사서 비밀리에 결혼하는 데 성공했다.

하지만 베키가 비천한 가문 출신이라는 이유 때문에 로든마저 상속자 지위를 박탈당하고 말았다. 더 이상 결혼생활을 지속할 이유가 없어진 그녀는 결국 로든과 이혼하고 다시 상류사회로 눈을 돌린다. 진정한 사랑과 우정 따위는 이미 멀어진 지 오래고 다시 무일푼 신세가 된 베키는 만신창이가 되었다.

마지막에 작가는 이렇게 말한다.

"공허한 명성은 여전히 부질없군. 멍청하고 이기적인 인간들은 온갖 나쁜 짓을 일삼아가며 공허한 명성을 좇다가 병들고, 고통받고, 결국에 죽음에 이를 뿐이야."

한바탕 꿈같은 인생은 덧없이 흘러간다. 헛된 명성은 순간적으로 사람들의 눈을 번뜩이게 할 뿐 아무런 가치도 없다. 그런데도 명성을 좇는 노예로 살아갈 것인가? 명예와 이익도 그것을 손에 얻었을 때 누린 잠깐의 기쁨뿐, 시간이 지나면 다 흩어져 공허함만 남는다.

헛된 명성을 위해 인생을 낭비하지 않는 사람만이 고통에서 해방될 수 있다. 마음을 고요히 다스리고 반짝이는 헛된 명성에서 눈을 돌려보자. 사리사욕 없이 편안한 마음을 유지할 때 오히려 더 많은 걸 손에 얻게 될 것이다.

마리 퀴리는 프랑스계 폴란드 물리학자이자 화학자로서 과학 연구 성과로 10여 종의 상과 16개의 휘장, 117개의 명예훈장을 수여받았다. 그러한 위대한 업적을 쌓고도 평온하고 태연한 태도를 유지했다.

어느 날, 한 친구가 퀴리 부인의 집에 찾아 왔다가 그녀의 딸이 영국왕립학회에서 준 휘장을 가지고 노는 모습을 보고 깜짝 놀라 말했다.

"왜 영국왕립학회에서 준 휘장을 딸에게 장난감으로 준 거니?

얼마나 명예로운 것인데!"

퀴리 부인은 덤덤한 표정으로 웃으며 답했다.

"안 될 이유라도 있어? 난 아이들이 어릴 때부터 명예를 장난감과 같은 것으로 여기길 바라. 명예를 지키기 위해 인생을 낭비한다면 평생 아무것도 이루지 못할 거야."

그 후로 퀴리 부인은 100여 개의 명예 호칭을 사양하고 실험에만 몰두하겠다고 천명했다. 그녀는 모두가 탐내는 명예 앞에서도 흔들리지 않고 평정심을 유지하며 과학 연구를 위해 심혈을 기울였다. 결국 두 번의 노벨상을 받은 퀴리 부인은 세계적인 과학자로 역사에 기록되었다.

명예는 장난감과 같다. 죽을 때 가져갈 수 있는 것이 아니다. 따라서 평생 명예를 좇으며 피곤하게 사느니 장난감처럼 가볍게 생각하고 당장 해야 할 일에 집중하는 게 낫다.

마음의 청정 지역을 지키고 명예로부터 자유로워져라. 명예를 좇느라 인생을 낭비하지 말고 마음을 고요하게 다스리며 평정심을 유지해라.

유혹에 흔들리지 말라

'부귀하나 음탕하지 않은 사람,
가난하나 유혹에 흔들리지 않는 사람'이 되어야 한다.
허영심이 들면 마음을 고요하게 다스려야 자유로움과
인격적 존엄성을 얻을 수 있다.

인생의 목표는 최대의 이익이 아니라 정의와 존엄성을 지키는
데 있다. 화려한 겉모습에 이끌려 자신의 원칙을 가볍게 저버려
서는 안 된다.

부귀하나 음탕하지 않은 사람, 가난하나 유혹에 흔들리지 않
는 사람, 마음에 청정 지역을 가진 사람은 재물·출세·명예를
위해 수단과 방법을 가리지 않거나 도리를 저버리지 않는다. 한
마디로 '쌀 다섯 말'을 위해 고개를 숙이지 않는 것이다.

이들은 늘 침착하고 여유롭다. 중국 고대에는 고결한 인품을
지키기 위해 부와 명예를 멀리하고 권세에 아부하지 않으며 기
개를 지킨 인물들이 많았다. 도연명도 그중 하나다.

서기 405년 가을, 불혹에 접어든 도연명은 가족들의 생계를 유지하기 위해 고향을 떠나 팽택현 현령으로 가게 되었다. 그해 겨울 조정에서는 독우를 파견해 시찰을 실시했다. 독우로 내려온 자는 거칠고 오만한 성격으로 팽택현에 도착하자마자 현령에게 사람을 보내 자신을 알현하게 했다. 소식을 들은 도연명은 내키진 않았지만 명대로 독우를 찾아가려 했다. 그때 한 신하가 말했다.

"독우를 알현하려면 의관을 정제하고 공손한 태도로 영접해야 합니다. 그러지 않으면 조정에 좋지 않은 상소를 올릴 게 분명합니다."

도연명은 길게 탄식했다.

"미천한 현령의 쌀 다섯 말의 녹봉을 받으려고 저속한 관리에게 고개 숙여 아첨할 생각은 없네."

그 길로 그는 80여 일간의 현령생활을 관두고 다시는 관직에 돌아가지 않았다.

관직에서 내려온 도연명은 고향에서 농사를 지으며 자급자족했다. 전원생활에 정착한 그는 <귀거래사>를 비롯해 수많은 시를 남겼다.

도연명은 비록 곤궁한 생활을 하더라도 존엄성을 지키며 자유롭게 살기를 원했다. 그랬기에 후대에 길이 남을 소중한 문화유산을 남길 수 있었다.

현대사회에서도 도연명처럼 편안하고 자유롭게 살기 위해서는 '쌀 다섯 말'을 위해 고개를 숙이지 않는 정신을 본받아야 한다. 허영심을 몰아내고, 눈앞의 이익과 명예를 구하기 위해 자신의 존엄과 인품, 이상을 희생하거나 팔아넘겨서는 안 된다.

한 IT 회사의 핵심 기술자 린핑은 회사의 새로운 발전 방향과 자신이 더 이상 맞지 않는다는 생각에 이직을 결심한다. 그는 뛰어난 능력 덕분에 IT 업계에서 가장 큰 회사의 러브콜을 받았다. 회사의 면접관은 린핑의 경력에 매우 흡족해했다. 그런데 그는 린핑에게 뜻밖의 조건을 내걸었다.

"전 회사에서 진행하던 새로운 소프트웨어 연구에 참여한 것으로 알고 있습니다. 당시 연구의 진행 상황과 결과를 우리에게 알려주면 연봉을 두 배로 올려주고 내일 당장 채용하겠습니다."

린핑은 새로운 회사가 상당히 마음에 들었지만 눈앞의 이익을 위해 자신이 몸담았던 회사의 정보를 팔아넘기는 것은 도저히 용납할 수 없었다.

"그 제안은 거절하겠습니다. 비록 그만두었다 해도 새로운 일자리를 위해 이전의 회사를 팔아넘길 수는 없습니다."

린핑은 새로운 일자리를 단념했다. 하지만 그날 저녁, 면접관에게 전화가 걸려왔다.

"우리 회사에서는 당신을 채용하기로 했습니다. 당신의 우수한 경력과 정직한 품성이면 충분하다고 판단했기 때문입니다!"

허영심이 고개를 들려고 한다면 마음을 고요히 다스리고 이성적으로 생각해보자. 눈앞의 이익과 명예를 위해 인간적인 존엄과 도의를 저버려서는 안 된다. 침착하고 냉정한 자세를 유지할 때 더 좋은 결과를 얻을 것이다.

무조건적인 비교는 그만두어라

장미는 장미이고 연꽃은 연꽃이니 서로 비교할 필요가 없다.

허영심이 심한 사람은 남들보다 더 높은 직급, 남들보다 더 큰 집, 남들보다 더 비싼 자동차, 남들보다 더 멋진 배우자, 남들보다 더 공부 잘하는 자녀를 바란다. 그들은 언제나 남들과 비교하길 좋아하고 남들보다 더 우월해지길 원한다.

옛말에 '비교하길 좋아하는 사람은 평생 비교만 하다 죽는다'고 했다. 허영심이 심한 사람들은 끊임없이 비교하느라 자신이 진정으로 원하는 것이 무엇인지도 모른 채 남들만 바라보며 산다. 또한, 영원히 만족하지 못하고 자신을 불행하게 만든다.

남들과 비교하려는 마음이 든다면 이렇게 자문해보자.

"현재 내 삶의 중심을 타인에게 두고 있는 것은 아닐까?"

"남들과의 비교 때문에 마음의 균형을 잃은 것은 아닐까?"

"내가 진정으로 원하는 삶은 무엇일까?"

세상에 완전히 똑같은 나뭇잎은 없다. 마찬가지로 세상에 완전히 똑같은 인생도 없다. 사람들은 저마다 서로 다른 삶을 살아갈 뿐이다. 따라서 자신의 삶을 타인의 삶과 비교하거나 타인의 삶을 지나치게 신경 쓸 필요도 없다.

허영심이 고개를 들면 마음을 자기 자신에게 집중해보라. 이성적으로 자신의 삶을 들여다보며 관심을 가진다면 분명 가치 있는 그 무엇들을 발견할 것이다. 그러면 평온한 마음으로 주어진 삶에 감사함을 느낄 수 있다.

남들보다 늘 부족하고 불행하다 생각하는 청년이 있었다.

어느 날, 백발 성성한 노인이 청년을 보고 물었다.

"젊은이, 왜 그렇게 불행한 표정을 하고 있나?"

"왜 저는 이렇게 가난한 걸까요? 남들은 풍족하게 잘만 살던데요."

"가난하다고 했나? 내가 보기엔 아주 부유해 보이네만."

"그게 무슨 말씀인가요?"

"오늘 내가 자네의 손가락 한 마디를 자르고 천 위안을 준다면 어떻게 하겠나?"

"싫습니다!"

"그렇다면 자네의 손 한쪽을 자르고 만 위안을 준다면 어떻게 하겠나?"

"당연히 싫습니다!"

"지금 당장 여든의 노인이 되는 대신 백만 위안을 준다면 어떻게 하겠나?"

"그것도 싫습니다!"

"자, 보게. 자네는 백만 위안 이상의 가치를 가지고 있네!"

말을 마친 노인은 호탕하게 웃으며 길을 떠났다.

노인은 남들과 비교하며 자신을 하찮게 생각하는 일이 얼마나 부질없는지를 알려준다.

사람들은 저마다 처한 상황과 조건이 다르기 때문에 무조건적인 비교는 의미가 없다. 장미는 장미이고 연꽃은 연꽃이니 서로 비교할 필요가 없는 것이다. 장미와 연꽃이 가진 저마다의 아름다움을 감상하며 만족하면 그만이다.

세이디는 가난한 집에서 태어났는데 부모님은 돈이 없어서 그에게 새 신발을 사주지도 못했다. 그는 새 신발을 한 번도 신어보지 못했다는 이유로 항상 불행하다고 생각하며 살았다. 어느 날, 세이디는 지팡이를 짚고 구걸하는 사람을 만났는데 그는 두 다리가 없었다. 그 순간 세이디는 자신이 얼마나 많은 것을 가지고 있는지 깨달았다.

다른 사람이 가진 것을 부러워하지 말라. 맹목적인 비교는 할 필요가 없다. 그런 불필요한 고민에서 벗어나 자신이 진정으로 바라는 삶의 방향과 목적이 무엇인지 깊이 생각해보라. 그리고 현재의 삶에 최선을 다하고 진심으로 행복해지려고 노력해라.

가장 위대한 영광은
한 번도 실패하지 않음이 아니라
실패할 때마다 다시 일어서는 데 있다.

총애나 모욕을 마음에 두지 마라

마음이 흐르는 물처럼 평화로워야 총애나 모욕도
자연스럽게 받아들이며 인생을 즐길 수 있다.

세상에는 예측할 수 없는 일이 많다. 때로는 회사에서 승진하
거나 복권에 당첨되는 등 행운의 여신이 자신의 편인 것처럼 느
껴지다가도, 때로는 일자리를 잃는다거나 사업에 실패하는 등의
불행이 찾아오기도 한다.

따라서 총애를 한 몸에 받는다고 해서 지나치게 흥분하여 경
거망동하거나, 일이 잘 안 풀린다고 해서 불평하며 실망할 필요
도 없다. 이와 같은 극단적인 행동은 허영심에서 비롯된다. 허영
심은 우리 마음의 방어선을 무너뜨려 균형을 잃게 만든다.

남북조 시대 북주에 하약돈이라는 장수가 있었다. 그는 진나라

와의 전쟁에서 군량 보급이 원활하지 않자 지략을 펼쳐 적군의 병사를 물리쳐서 큰 공을 세웠다. 하지만 큰 공에 해당하는 벼슬을 받지 못한 것을 원망했다가 조정의 실세 우문호의 눈 밖에 나고 말았다.

자결하라는 명을 받은 그는 벼슬을 탐하다 죽음을 자초했다는 것을 깨달았다. 그래서 죽기 전에 송곳으로 혀를 찌르며 아들 하약필에게 부디 자기와 같은 전철을 밟지 말라고 당부했다.

하약필은 용맹한 장수가 되어 수많은 전쟁을 승리로 이끌었다. 하지만 아버지의 당부를 무시하고 자신의 벼슬이 다른 사람보다 낮다는 사실을 불평했다. 그 결과 매질을 당하고 옥고를 치르다 목숨을 잃었다.

위의 부자는 남들보다 낮은 벼슬에 머무는 것을 참지 못하여 불평을 끊임없이 늘어놓았고 그 결과 안타깝게도 짧은 생을 마감하고 만다. 따라서 허영심이 고개를 들면 마음을 고요히 다스리고 총애나 모욕을 마음에 두지 않는 태도를 취하는 것이 좋다. 《소창유기》에 이런 말이 있다.

'총애와 모욕에도 놀라지 않고 한가로이 뜰 앞에서 꽃이 피고 지는 것을 바라본다. 떠나고 머무는 것에 마음 두지 않고 무심히 구름이 일고 사라짐을 바라본다.'

일할 때 총애를 받거나 모욕을 당해도 꽃이 피고 지는 것처럼 자연스럽게 바라보며, 지위를 잃거나 얻게 되어도 구름이 일고 사라지는 것처럼 큰 의미를 두지 말라는 뜻이다.

다시 말해, 일이나 명예에 집착하지 않는 태도를 유지해야 한다는 것이다. 마음이 평온하고 초연하며 기쁨과 슬픔, 총애와 모욕에 흔들리지 않는 사람만이 고상한 경지에 이를 수 있다.

예부터 큰 성공을 이룬 자들은 모두 이러한 지혜를 알고 있었다.

19세기 중엽, 미국의 사업가 사이러스 필드는 선원과 기술자 들을 이끌고 해저 케이블을 부설해 미국과 유럽을 잇는 데 성공했다. 그는 '두 세계를 통일시킨 영웅'이라는 칭송을 받았고, 미국에서 가장 존경하는 인물로 받들어졌다. 하지만 사이러스는 결코 우쭐해하거나 자만하지 않았다.

얼마 후, 해저 케이블이 고장 나자 케이블로 전송되던 신호가 중단되어 많은 사람이 불편을 겪었다. 그러자 세간의 칭찬과 환호는 순식간에 분노로 돌변했고, 사이러스는 '사기꾼' 또는 '실패자'라고 손가락질을 당했다.

하지만 사이러스는 온갖 모욕을 당하면서도 절대 흔들리지 않았으며 묵묵히 해저 케이블 보수 작업에 돌입했다. 6년 뒤, 해저 케이블은 다시 미국과 유럽을 잇는 튼튼한 다리가 되었고, 사이러스는 역사적인 영웅으로 불리게 되었다.

사이러스는 허영심을 통제하며, 총애와 모욕에 흔들리지 않는 지혜를 가지고 있었다. 그는 첫 번째 성공을 거두었을 때 부나 명예에 집착하지 않았으며, 사람들의 칭송과 환호에도 평정심을 유지했다. 또한, 해저 케이블이 고장 났을 때도 쏟아지는 비난에 흔들리지 않고 묵묵히 자신의 일을 해냈다.

총애와 모욕에 흔들리지 않기 위해서는 평소 수련이 필요하다.

첫째, 삶의 가치를 분명히 알아야 한다. 예부터 '마음에 사심이 없으면 천지가 넓다'고 했다. 허영심이 고개를 들면 마음을 다잡고 인생의 진리와 의미를 찾아보고 삶의 가치를 확인해보자. 그러면 부와 명예란 단지 삶의 가치를 실현하기 위한 하나의 방식에 지나지 않음을 깨달을 것이다. 부귀영화는 금방 사라져버리는 구름이나 연기 같은 것이니 마음에 사심이 없으면 걱정하고 번뇌할 일이 없다.

둘째, 개인의 이해득실을 따지지 말아야 한다. 어떠한 상황에 처하든 성공과 실패, 발전과 쇠퇴, 영광과 치욕이 반복되는 인생의 부침을 이해한다면 모든 것을 자연스럽게 받아들일 수 있다. 평온하고 태연한 마음을 유지하면 허영심을 통제하고 웃으며 인생을 즐기게 될 것이다.

꽃은 떨어지면 다시 피고 물은 쉼 없이 흘러가듯 살아 있을 때 기꺼이 즐기고 죽을 때 안타까워하지 않는 초연한 태도가 필요하다. 총애와 모욕에 놀라지 않는 경지에 이르면, 부와 명예에 집착하지 않고 인생의 크고 작은 부침에 흔들리지 않으며 늘 평정심을 유지할 수 있다. 🐈

세상사를 단순하게 생각하고 마음을 편안하게 가져라.

사는 게 피곤하다면 마음이 복잡하기 때문이다.

맑은 날이 있으면 흐린 날도 있고, 만남이 있으면 이별도 있는 법이다.

세상이 변화무쌍해져도 놀라지 말고 평온한 마음을 유지해라.

기쁨과 슬픔에 집착하지 않고 자연에 따르면 하늘도 맑아질 것이다.

경솔함을 버려라

마음을 비우지 않으면 포부를 펼칠 수 없고,
청온하지 않으면 먼 곳까지 이를 수 없다.

어느 철학자는 무슨 일을 하든 성질을 참지 못하고, 몸을 펴지 못하고, 의자에 앉지 못하면 자신을 잃고 헤매게 될 것이라고 했다. 바쁘게 이리저리 다니느라 소중한 시간을 낭비하게 된다는 의미다.

마젠은 대학에서 마케팅을 전공하고 공정관리를 복수전공해 두 개의 학사 학위를 받았다. 주변 사람들은 졸업 후 마젠이 승승장구할 것이라고 예상했지만 현실은 그렇지 않았다.

졸업 후 마젠은 시에서 주최하는 각종 채용박람회에 참여해 중간관리자에 지원했다. 하지만 경력이 부족하여 적당한 자리를 찾을 수 없었다. 마젠은 자신보다 성적이 낮았던 친구들이 순조롭게 채용되는 모습을 보자 마음이 초조해졌다.

마젠은 어쩔 수 없이 작은 물류 회사에 취직했다. 하지만 일하는 내내 작은 물류 회사에서는 자신의 역량을 충분히 발휘할 수 없다는 생각에 불평불만을 달고 살았다. 그리고 한 달 뒤, 이직한 마젠은 원하던 대로 마케팅 팀장이 되었지만 시간이 지나도 실적을 올리지 못했다. 급기야 그는 회사의 발전 전망이 어둡다는 이유로 다시 이직을 결정했다. 결국, 마젠은 자신에게 적합한 일자리를 찾지 못했다.

경솔한 마음을 통제하지 못하면 본인의 능력이 아무리 뛰어나도 좋은 성과를 볼 수 없다. '최선을 다하면 성공할 것이고, 경솔하게 행동하면 실패할 것이다'는 말처럼 하루아침에 이룰 수 있는 일은 없으며, 성공하기 위해서는 부단한 노력이 필요하다.

경솔한 마음을 극복하기 위해서는 어떻게 해야 할까? 마음을 고요하게 다스릴 줄 알아야 한다! 마음이 들뜨고 불안정하면 외부의 유혹을 견디기 힘들다. 내면의 열정과 믿음이 부족하면 유혹에 쉽게 흔들리고 불안하다.

세상이 소란스러울수록 마음을 고요하게 다스려야 한다. 마음을 안정시키고 세상을 투명하게 바라볼 수 있다면 직장과 가정에서 주어진 일에 최선을 다하게 될 것이다. 마음을 비우지 않으면 포부를 펼칠 수 없고, 평온하지 않으면 먼 곳까지 이를 수 없다. 그러니 마음을 고요하게 다스릴 수 있어야 소란스러운 외부의 유혹에 흔들림 없이 자신을 객관적으로 바라보며 앞으로 나아갈 방향을 정할 수 있다.

경솔한 마음을 몰아내고 원래의 순수했던 자신으로 돌아가보자. 그러면 복잡하고 소란스러운 세상에서도 자유롭고 평온한 마음으로 매일 새롭게 떠오르는 태양을 맞이할 것이다.

마음의 짐을 내려놓아라

인생은 사람들과 앞다투어 경쟁하며
자신의 '한계'를 뛰어넘어 최고의 성적을 거둬야 하는 경기장이 아니다.

1등에게는 언제나 환호와 박수갈채가 쏟아지고 명예와 명성
이 주어진다. 따라서 1등을 최고의 가치로 생각하게 된 사람들
은 1등을 차지하기 위해 쉼 없이 달리는 데 익숙해졌다. 남들에
게 뒤처지거나 평범한 수준에 머무는 것은 결코 용납되지 않는다.

1등이 되기 위해 치열한 경쟁에 뛰어든 사람들은 늘 마음이
불안하다. 1등이라는 유혹은 스스로의 삶을 피곤하게 만들기 때
문이다.

1등을 하지 못했다면 기꺼이 2등이 되면 된다. 1등을 차지하
더라도 언제든지 2등이 될 수 있다. 늘 이기기만 하는 사람은 뒤
처지는 순간 심리적 균형을 잃을 가능성이 높다.

우리의 가장 큰 적은 타인이 아니라 자기 자신이다. 저마다 각자의 인생이 있고 경쟁자가 있으므로 타인과의 비교는 필요없다. 단지 스스로와의 경쟁이 있을 뿐이다. 용감하게 자신과의 싸움에서 승리하는 것이 더 중요하다.

타인과 치열하게 경쟁할 필요는 없다. 인생은 토끼와 거북이의 달리기 경주와 같다. 달리기 경주에서 빨리 가든 늦게 가든, 토끼이든 거북이든, 결승선에 도착할 때까지는 누가 1등을 할지 아무도 모른다.

마음을 고요하게 다스리고 과거의 나를 돌아보자. 과거에 비해 현재의 성적은 올랐는가? 과거에 비해 현재의 일에 더 만족하는가? 과거에 비해 현재의 삶은 더 나아졌는가? 과거의 비해 현재의 건강은 더 좋아졌는가? 과거에 비해 가족과의 관계는 더 개선되었는가?

외부의 환경이나 사람들에게 휘둘리지 말고 자기 자신과 앞으로의 목표에 더 집중해보자. 잠시 남들보다 뒤처졌다고 해서 걱정하거나 실망할 필요는 없다. 휴식을 취하며 마음의 짐을 내려놓는다면 더 나은 미래를 향해 도약할 수 있을 것이다. 🐢

행복은 성취의 기쁨과
창조적 노력이 주는
쾌감 속에 있다.

마음을 비우고 자유롭게 날아라

마음의 휴지통을 비우면
가벼운 마음으로 삶을 자유롭게 영위할 수 있다.

복잡하고 어지러운 현대사회는 수많은 유혹이 넘실거린다. 크고 작은 역경과 시기와 경쟁 등의 상황은 고통, 불안, 원망, 의심 등의 '부속품'을 양산한다. 시간이 흐를수록 이 '부속품'은 쓰레기가 되어 마음 깊은 곳에 하나씩 쌓여간다.

외국계 회사에서 오랫동안 근무한 웨이 선생은 얼마 전부터 중요 정보를 확보하지 못해 경쟁사에게 고객을 계속 빼앗겼다. 그로 말미암아 상사의 호된 질책까지 당한 그는 억울하고 분했다. 그때부터 웨이 선생은 계속 기분이 좋지 않았다. 게다가 체면 때문에 다른 사람들에게 속마음을 털어놓지 못하니 더 괴로웠다.

집에서 아내와 아이들에게 짜증을 내는 일도 잦아졌다. 시간이 흐를수록 웨이 선생은 불면증에 시달렸으며 한숨을 쉬거나 얼굴을 찌푸리는 일이 많아졌다.

어쩌면 이와 비슷한 경험을 해봤을 것이다. 그런 상황에서 벗어나기 위해서는 어떻게 해야 할까? 마음에 쌓인 쓰레기를 깨끗이 청소하면 된다! 비유하자면, 마음에 '휴지통'을 만들고 평소 부정적인 감정이 쌓일 때마다 집어넣는 것이다.

마음의 휴지통이 '쓰레기'로 가득 차면 비워주자. 예컨대 힘든 일을 겪으면 시원하게 울고 나서 부정적인 감정들을 털어버리는 것이다. 화가 났을 때는 아무도 없는 장소에 가서 벽을 발로 차며 스트레스를 푸는 것도 좋다. 기분이 안 좋을 때는 미친 듯이 달리거나 격렬하게 몸을 움직이며 에너지를 소비할 수 있다.

마음의 '휴지통'을 비우면 상처로 말미암은 그늘과 불안하고 두려운 기분을 떨칠 수 있다. 그러고 나면, 체면이나 명예 때문에 피곤해하거나 사소한 일들로 힘들어하지 않게 될 것이다.

큰 무역 회사에서 협상 업무를 담당하는 웨이웨이는 영특한 머리와 유창한 말솜씨로 늘 좋은 성과를 거두었다. 또한, 협상 과정에서 언쟁이 오간 다음 날에도 언제나 만면에 미소를 지으며 출근했다.

"웨이웨이, 어떻게 그렇게 태연할 수 있어요?"

그렇게 물어보는 동료에게 웨이웨이는 답했다.

"다 지난 일이잖아요. 그 일을 오늘까지 기억해요?"

웨이웨이는 회사에서든 집에서든 힘들고 짜증나는 일이 있을 때마다 자기만의 방식으로 감정을 다스렸다. 이를테면 일기를 써서 감정을 발산하거나 친구들과 노래방에 가서 큰 소리로 소래를 불렀다.

마음의 '휴지통'을 자주 비웠기에 웨이웨이는 부정적인 감정을 가볍게 떨쳐내고 마음의 평온을 찾았다. 또한, 늘 기분 좋게 지내니 동료와 상사 들의 칭찬도 한 몸에 받았다.

머리가 복잡하고 기분이 좋지 않을 때는 앉거나 누워서 마음을 고요히 다스릴 수 있는 장소를 찾아보자. 그리고 조용히 마음의 소리에 귀를 기울이며 이렇게 물어보자.

"지금의 생활에 만족하는가? 무엇 때문에 고민하는가? 지금 기분은 어떤가?"

마을을 가라앉히고 부정적인 감정들을 털어낼 수 있어야 한다. '휴지통'에 쌓인 불필요한 파일을 '삭제'하면 마음도 깨끗해질 것이다. 🐈

소란스러움을 잠재워라

소철나무는 60년에 한 번 꽃을 피우고,
우담바라는 짧은 순간에 단 한 번 꽃을 피운다.

지금까지 고독에 관해서는 많이 이야기되어왔다. 고독을 느껴
보지 않은 사람은 아마 없을 것이다. 동서고금을 막론하고 고독
을 두려워한 사람은 많았다. 고독이 얼마나 괴로운 일인지에 대
해 서술한 작가도 적지 않다.

사람들은 왜 고독해지지 않으려 할까? 그것은 의지가 군건하
지 못하기 때문이다! 세상의 유혹을 견디고 기꺼이 고독을 받아
들이기 위해서는 강한 의지가 필요하다. 흡연자가 금연을 하기
위해서 완강한 의지가 필요한 것과 같다.

속세를 떠나 중이 되기로 결심한 청년이 있었다. 삭발을 하며 그

는 주지 스님에게 반드시 불문에 귀의하겠다고 맹세했다. 하지만 한 달도 채 되지 않아 사찰의 적막함을 견디지 못하고 속세로 내려가고 말았다. 한 달 뒤, 청년은 눈물을 흘리며 다시 중이 되겠다며 찾아왔다. 주지 스님은 다시 그를 받아주었지만 석 달 뒤, 청년은 또다시 사찰에서의 외로움을 참지 못하고 도망쳤다.

몇 번이고 사찰을 떠났다가 돌아오는 청년 때문에 주지 스님은 머릿속이 복잡했다. 얼마 후, 주지 스님이 청년에게 말했다.

"차라리 사찰 입구에 찻집을 내서 속세에 사는 중이 되는 게 어떤가?"

이에 청년은 기뻐하며 사찰 입구에 찻집을 차렸다. 시간이 흐르자 청년은 부인과 함께 행복하게 찻집을 운영하며 살았다. 물론 불경의 진리를 깨닫지는 못했다.

복잡하고 어지러운 세상에서 마음을 고요하게 다스리기 위해서는 소란스러움을 잠재우고 고독해져야 한다. 고독은 일종의 정신수련이다.

소철나무는 60년에 한 번 꽃을 피우고, 우담바라는 짧은 순간에 단 한 번 꽃을 피운다. 사람에게도 평생 동안 화려한 시절은 찰나에 불과하며, 대부분은 평범한 날들로 이루어진다. 하지만 고독을 견딜 수 있어야 성공의 빛을 볼 수 있다.

강연장은 유명한 마케팅의 귀재가 온다는 소식을 듣고 달려온 사람들로 발 디딜 틈이 없었다. 그는 강연이 시작되자마자 사람을 불러 철재 프레임을 설치하고 위에 커다란 쇠공을 달았다. 그리고 사회자에게 망치를 준비해달라고 부탁했다. 사람들은 그의 특이한 행동에 어리둥절해졌다. 그때 그가 말했다.

"신체가 건장한 두 사람을 무대 위로 모시겠습니다. 쇠공이 떨어질 때까지 망치로 두드릴 생각입니다."

그러자 두 청년이 무대 위로 올라와 망치로 쇠공을 때리기 시작했다. 하지만 아무리 세게 두드려도 쇠공은 꿈쩍하지 않았다. 무대 아래 관중의 환호도 시간이 흐를수록 줄어들었다. 그들은 망치로 쇠공을 때리는 일이 불필요한 일이라고 여기는 듯했다. 관중은 강연자의 해설을 기다렸다. 하지만 강연자는 작은 망치를 가져와 쇠공을 때리는 일에 동참할 뿐 아무 말도 하지 않았다. 10분, 20분……. 단조로운 망치 소리를 참지 못한 사람들로 말미암아 강연장은 점차 술렁거렸다. 그들은 어떤 설명도 해주지 않는 강연자에게 불만을 토로했다. 그러나 강연자는 아무 소리도 들리지 않는 사람처럼 묵묵히 망치로 쇠공을 때릴 뿐이었다. 관중은 하나둘 자리를 떠나기 시작했고 몇몇 사람만 남아 자리를 지켰다. 남은 사람들은 '땅땅' 하는 망치 소리를 들으며 앉아 있었다. 그런데 얼마 후, 앞쪽에 앉아 있던 사람들이 소리를 질렀다.

"쇠공이 움직여요!"

순간 사람들은 모두 쇠공에 집중했다. 거대한 쇠공은 조금씩 움직이고 있었고, 강연자는 여전히 망치질을 멈추지 않았다. 결국, 쇠공이 바닥으로 떨어지자 사람들은 깜짝 놀라 눈이 휘둥그레졌다. 열렬한 박수 소리가 터져 나오자 강연자는 망치를 내려놓고 입을 열었다.

"여러분은 성공의 비결을 알고 싶어서 이곳까지 왔습니다. 오늘 제가 드리고 싶은 말씀은 하나입니다. 성공하기 위해서는 끝까지 인내심을 가지고 고독을 견뎌야 한다는 사실입니다."

고독은 두려워서 도망치거나 포기하는 게 아니라 소란스러운 세상으로부터 순수함을 지키고 고요해지려는 상태다. 맹수가 사냥하기 전에 조용히 유리한 지형을 살피고 적당한 때가 올 때까지 인내심을 가지고 기다리는 것과 같다.

날갯짓하는 나비를 보면 아름답다. 하지만 나비가 아름다운 이유는 깜깜한 누에고치 속에서 고독한 시간을 견뎠기 때문이다. 아름다운 꽃도 처음에는 씨앗의 형태로 흙 속에서 적막한 시간을 견디며 생명력을 키웠다. 조용히 부드러운 바람과 비를 기다렸기 때문에 아름다운 꽃으로 피어날 수 있었다.

역사적으로 유명한 인물들이 고독을 딛고 성공한 이야기는 심심찮게 찾아볼 수 있다. 주변의 모함을 받고 추방당하지 않았다면 굴원이《이소》를 쓸 수 있었을까? 속세를 등지고 은거하지 않았다면 도연명이 후대에 길이 남을 시를 창작할 수 있었을까?

고독은 웅장한 산이나 유연하게 흐르는 강처럼 소란스러움을 잠재운다. 고독을 견디기 위해서는 슬기로운 지혜와 강한 의지가 필요하다. 매화는 얼음에 뒤덮여 있어도 고독을 견디며 은은한 향기를 발산한다. 하지만 의지가 약한 사람은 아무리 요란하게 떠들어대도 누가 하나 주목하지 않는다. 고독을 견디며 은은한 향을 발산하는 사람이 될 것인가, 아니면 요란하게 떠들어대는 사람이 될 것인가? 🐾

고독의 꽃을 피워라

소란스러운 가운데서도 고요함을 유지하며 유혹에 흔들리지 않는다면
시끄러운 골목이나 누추한 곳에서도 충분히 즐겁고 편안하게 지낼 수 있다.

혼자라고 하면 외톨이, 혈혈단신, 고립무원 같은 단어를 떠올릴
것이다. 이런 단어는 '실패자'라는 부정적인 인식을 심어준다.

사람들과 잘 어울리는 것도 일종의 능력으로 볼 수 있지만, 혼
자 지내는 것 역시 능력이다. 어떤 의미에서는 이것이 남들과 어
울리는 것보다 더 큰 능력일 수 있다. 혼자만의 시간을 견디지
못하는 사람은 성숙한 인격을 형성하기 어렵기 때문이다. 그런
데 주변을 둘러보면 혼자서는 아무것도 할 줄 모르는 사람이 꽤
있다.

세상에는 우리를 구속하는 것이 많다. 혼자라고 해서 꼭 복잡
한 도시를 떠나 한적한 시골에 살아야 하는 것은 아니다. 소란스

러운 가운데서도 고요함을 유지하며 유혹에 흔들리지 않는다면 시끄러운 골목이나 누추한 곳에서도 충분히 즐겁고 편안하게 지낼 수 있다.

혼자 있으면 소란스러운 외부 환경과 복잡한 인간관계에서 벗어나 자신을 돌아볼 수 있으며, 조용히 내면의 소리에 귀 기울이며 자신을 이해하는 시간을 가질 수 있다. 이러한 사색의 시간을 통해 인격을 성숙시킬 수 있으니 지혜로운 사람은 이런 소중한 기회를 잘 활용한다.

무한 경쟁의 시대에 잠깐의 여유도 없이 바쁘게 사는 사람들에게 혼자 있는 시간은 아주 중요하다. 매일 10분씩 혼자만의 시간을 가져보자. 짧지도 길지도 않은 시간이지만 혼자서 10분을 견딜 수 있다면 더 많은 것도 견딜 수 있다. 세상이 아무리 소란스러워도 매일 10분만 혼자서 조용히 앉아 호흡에 집중해보자. 몸과 마음의 긴장을 풀고 명상을 할 수도 있고, 아무 생각 없이 있어도 좋다. 또는 책을 읽거나, 영화를 보거나, 옷장을 정리하거나, 대청소를 해도 좋다.

어떤 환경에서든 편안히 혼자만의 시간을 가질 수 있다면 내면의 목소리를 들을 것이다. 또한, 숲속에 오두막을 짓고 혼자 살았던 헨리 소로나 전원생활을 즐겼던 도연명처럼 모든 속박에서 벗어나 자유로운 삶을 살게 될 것이다.

진정으로 웃으려면 고통을 참아야 하며,
나아가 고통을 즐길 줄 알아야 한다!

장원급제하기 위해서는 십 년간 쉼 없이 공부해야 하며,
누에고치가 나비가 되기 위해서는 오랜 시간을 참고 견뎌야 한다.
성공하기 위해서는 반드시 시련과 고통, 고독의 시간을 견뎌내야 한다.
그러기 위해서는 마음을 고요하게 다스릴 줄 아는 지혜가 필요하다.

고독 속에서 수양하라

고독은 세상에 대한 혐오나 실망이 아니라,
고요함 속에서 이루어지는 고도의 정신 수양이다.

고독이 무엇인지에 대해 구체적으로 말할 수 있는 사람은 거의 없다. 하지만 고독에서 자유로울 수 있는 사람도 없다.

때로 고독은 일종의 실험과 같다. 고독을 인내할 수 있는지 그 가능성으로 그 사람의 의지를 실험해볼 수 있다. 또한, 고독은 정신 수양의 결과를 검증하는 수단이기도 하다. 유혹 앞에서도 차분하게 인생의 진리를 깨달을 수 있는 사람이 있고, 지옥의 심연으로 떨어지는 사람이 있음이다.

고독을 인내한 자들이 모두 성공의 길로 들어섰다고 말할 수는 없다. 하지만 성공하기 위해서는 반드시 고독과 맞서 싸우는 과정을 거쳐야 한다. 다시 말해, 고독을 견딜 수 있다는 것은 성숙한 인생으로 진입했다는 중요한 표지다. 자기 삶에 대한 믿음을 품고 꿈을 좇기 위해서는 고독을 견디는 강한 의지와 인내가 필요하기 때문이다.

이시진은 조상 대대로 '영의(鈴醫, 떠돌아다니며 병을 치료하던 의사)'로 이름을 떨친 의학자 가문에서 태어났다. 이시진의 아버지 이언문도 명의로 손꼽혔다. 당시는 의사의 지위가 아주 낮아서 관료나 부호들의 무시를 많이 받았다. 이언문은 둘째 아들인 이시진만큼은 공부를 해서 관료가 되기를 바랐다.

이시진은 어릴 때부터 몸이 약해서 병치레를 자주 했지만 마음이 강인하고 정직했다. 딱딱한 팔고문(八股文, 명청 시대에 과거시험의 답안용으로 채택된 특별한 형식의 문체)은 가볍게 보았고, 14세에 이미 수재(가장 낮은 등급의 시험을 통과한 선비)였다. 하지만 무창에서 과거시험에 낙방하자 관리가 되는 길을 포기하고 의학 공부에 매진하기로 결심했다.

이언문은 아들의 강한 의지를 보고 그의 뜻을 존중해주었다. 이시진은 아버지의 가르침을 받으며 열심히 공부했다. 그는 직접 발로 뛰며 배우고 싶어 짚신을 신고 약통을 멘 채 제자 방헌과 아들 건원을 데리고 길을 떠났다. 그리하여 하남, 하북, 강소, 안휘, 강서, 호북 등지와 우수산, 섭산(오늘날의 서하산, 모산, 태화산) 등의 산을 떠돌았다.

이시진은 여러 지역의 명의들을 찾아다니며 겸손하게 가르침을 청했고 그 과정에서 약초를 캐고 농사를 지었으며, 고기를 잡거나 사냥을 했다. 그는 약초 캐는 한 노인의 가르침으로 《신농본초경》에서도 밝히지 못한 '운대蕓薹'가 바로 유채라는 사실을 깨달았다. 유채는 첫해에 씨를 뿌리면 이듬해에 꽃을 피웠으며, 씨를 짜서 약초로 사용할 수 있었다. 그는 《본초강목》에 유채에 관한 사실을 상세히 기술했다.

이시진은 민간을 떠돌며 약초를 수집하고 관찰했으며, 오랜 실험과 연구를 거쳐 약초에 관한 수많은 의문을 해소했다. 그리고 마침내 무인년(서기 1578년), 장장 27년간 심혈을 기울인 《본초강목》을 완성했다. 190만 자, 52권으로 구성된 《본초강목》에는 약물 1,892종이 실렸으며 그중에서 새로 추가한 약물은 374종이나 되었다. 또한 방제方劑 1만여 방과 삽도揷圖 1천여 폭을 실어 중국 약물학의 귀중한 자료를 제공했다. 그는 옛날 본초학 중에서 잘못된 오류를 바로잡고 동식물 분류학을 비롯해 생물학, 화학, 광물학, 지질학, 천문학 분야에서도 큰 공헌을 했다. 찰스 다윈은 《본초강목》을 가리켜 '중국 고대의 백과전서'라고 칭했다.

이시진의 고독은 따분하고 무료한 것이나 흩어지고 정체되는 것이 아니었다. 그의 고독은 와자지껄하거나 유행을 따르는 것과 동떨어진 생활방식이었다. 이로써 그의 삶은 세상의 소란에 좌지우지 않았다.

쫓기듯이 인생의 목표를 조급하게 결정할 필요는 없다. 열악한 환경 속에서도 자신이 원하는 꿈을 위해 꾸준히 노력하는 것이 더 중요하다.

'십 년간 힘겹게 공부할 때는 아무도 찾지 않다가 과거에 급제하니 온 세상이 알아준다'라는 말은 고독과 성공의 관계를 단적으로 보여준다. 성공한 사람 대부분은 아무도 관심을 보이지 않는 고독한 시간 속에서도 자신의 꿈을 포기하지 않았다.

고독은 세상에 대한 혐오나 실망이 아니라, 고요함 속에서 이루어지는 고도의 정신 수양이다. 따라서 고독을 견딜 수 있는 사람은 어떤 환경에서도 마음속에 늘 꿈과 희망을 간직하며 살아간다. 또한, 묵묵히 고독을 견디며 이성과 지혜로써 자신을 채찍질하고 진정한 자아를 찾기 위해 끊임없이 노력한다. 그리하여 어떤 유혹에도 흔들림 없이 꿈을 이루어낸다.

시련을 기꺼이 이겨내라

보검은 갈고닦아야 예리해지고,
매화는 추위를 견뎌야 향기로워진다.

'십 년 동안 검을 연마한다'는 말은 검객의 피나는 노력을 의미한다. '서릿발처럼 날이 선 검을 아직 시험해보지 않았다'는 말에서는 하고자 하는 의지만 있으면 못할 일이 없다는 기개가 잘 드러난다.

그런데 뭐든지 빠르게 변하는 현대사회에서는 그저 눈앞의 성공에 급급한 사람이 많다. '연마' 정신이 없다면 험난한 인생 여정에서 목표를 향해 흔들림 없이 나아갈 수 있을까? 혹자는 검을 연마하는 데 10년이나 걸린다면 시간 낭비라고 지적한다. 하지만 그것은 결코 무의미한 시간이 아니다. 큰 꿈을 이루기 위해서는 오랜 노력이 필요하기 때문이다.

사마의는 조조가 적벽대전에서 패한 뒤 의탁하였다. 당시 사마의는 인재로 등용될 기회가 있었지만, 조조는 그의 신중한 태도와 웅대한 포부를 눈치채고 일부러 멀리하며, 아들 조충을 보좌하게 했다. 사마의는 그런 조조의 뜻에 따라 조충의 곁에 남았다. 나중에 조충이 병으로 죽자 조조는 사마의에게 또 다른 사람을 보좌하게 했다. 하지만 사마의는 조비, 조식, 조장 등의 앞날이 불분명하다는 것을 알고는 조조의 뜻을 거절하고 3년간 조충의 무덤을 지켰다. 훗날 상황이 좋아진 조비가 그를 불러들였고 사마의는 뜻을 따랐다.

사마의는 조씨 가문으로 말미암아 여러 차례 죽을 위험에 처했지만 그때마다 슬기로운 지혜로 고비를 잘 넘겼다. 그리고 사마 가문이 위나라의 정권을 탈취하는 데 좋은 기초를 제공했다.

삼국 시대의 수많은 영웅 중에서 사마의는 성격이 완강하고 재능을 감추고 있었기에 눈에 잘 드러나지 않는 인물이었다. 하지만 그가 재능을 감춘 것은 암투가 난무하는 조정에서 스스로를 지키기 위한 선택이었다. 사마의는 원대한 포부를 품고 언젠가 뜻을 이루겠다는 마음으로 참고 기다렸다. '십 년 동안 검을 연마'한 사마의는 결국 천하를 호령하게 되었다.

우리는 관우, 장비, 조운처럼 무예를 연마하지도 않았고, 유비처럼 황실의 혈통을 타고나지도 않았으며, 제갈량처럼 신묘한 지략과 계책을 가진 것도 아니다. 하지만 사마의와 같은 인내는 갈고닦을 수 있다.

동서고금을 막론하고 큰 성공을 이룬 인물들은 조급하게 서두르는 법이 없으며, 인내심을 가지고 기회를 기다리거나 스스로 기회를 창출했다. 이것이 바로 리자청이 이룬 눈부신 성공 비결이다. 그는 대규모 황푸화원촌 건설 프로젝트에서 '십 년 동안 검을 연마'하는 정신으로 놀랄 만한 인내심을 발휘해 큰 성공을 거두었다.

1981년, 리자청은 위대한 계획을 준비했다.

황푸화원은 황푸 도크(dock, 건조된 선박을 바다에 띄울 수 있게 해주는 시설)의 옛터를 기반으로 조성되어 있었다. 그런데 홍콩 정부 조례에 따라 공업 용지를 상업주택 용지로 변경하려면 비용을 추가로 납부해야 했다. 당시는 부동산 경기가 호황이어서 용지 변경을 하려면 28억 홍콩달러라는 거액을 지불해야 했다. 그는 황푸화원촌 건설 프로젝트를 잠시 중단할 수밖에 없었다.

1983년, 홍콩 부동산이 하향기로 접어들었을 때 리자청은 기회를 틈타 홍콩 정부와 담판을 지었다. 그리하여 3.9억 홍콩달러만 내고 상업주택 개발권을 획득하는 데 성공했다. 개발 비용이 크게 줄어들자 황푸화원촌의 단위 면적당 비용도 절감되었다.

1984년 9월, 중국과 영국은 베이징에서 홍콩 문제에 관한 공동성명을 체결했다. 홍콩의 전망이 밝아지자 항생지수HSI가 올라가면서 부동산 가격도 다시 기승을 부렸다. 따라서 1984년 말, 리자청이 경영하던 허황그룹은 공동으로 수십억 홍콩달러를 투자하여 황푸화원촌을 건설했다. 이 대규모 프로젝트는 홍콩은 물론이고 전 세계 부동산 역사상 전대미문의 기록을 남겼다.

전문가들은 프로젝트가 완성되면 리자청과 허황그룹이 60억 홍콩달러를 벌어들일 것으로 예측했다. 이처럼 부동산이 불황일 때 저렴하게 개발권을 획득하고 부동산이 호황일 때 건물을 짓는 전략이 바로 리자청이 홍콩 부동산 시장에서 최고의 입지를 차지하고 있는 이유다.

리자청은 그야말로 '십년 동안 검을 연마'하여 성공하였다. 사람들은 그의 초인적인 담력과 식견, 패기에 탄복했으며, 끈질긴 인내심에 혀를 내둘렀다. 큰 성공을 이룬 인물들은 재능을 타고난 사람이 아니라, 강한 의지와 인내력으로 자신을 갈고닦을 줄 아는 사람이다. 그들은 열악한 환경 속에서도 꿈을 실현하기 위한 노력을 포기하지 않았으며 인내심을 가지고 시련과 역경을 극복하기 위해 최선을 다했다.

희망은 어둠 속에서 시작된다.
일어나 옳은 일을 하려 할 때,
고집스런 희망이 시작된다.
새벽은 올 것이다.
기다리고 보고 일하라.
포기하지 말라.

누에고치는 시련을 통해서
나비가 된다

누에고치가 나비가 되려면 외로운 기다림의 시간을 견뎌야 한다.
참고 기다리면 원하던 꿈을 이룰 수 있다.

중국 작가 츠리는 "물방울이 구슬이 될 때까지 노력하는 것은
아름다운 수련 과정이다"라고 말했다. 통렬함과 진지함 속에 그
녀의 고뇌와 망설임, 태연함과 즐거움이 묻어난다.

인생은 일종의 수련 과정이며 이런 수련은 고통을 동반한다.
옥은 대장장이의 손에서 깎이고 다듬어져야 가치 있는 보석이
되며, 번데기는 허물을 네 번이나 벗고 나서야 나비가 되어 훨훨
날아다닐 수 있다. 이처럼 성공하기 위해서는 '시련'의 아픔을
두려워해서는 안 된다.

신둥팡의 창업주 위민훙은 말했다.

"위대함은 시련을 통해 생깁니다. 남들이 오 년 만에 한 일을

저는 십 년에 걸쳐 이루었고, 남들이 십 년 만에 한 일을 저는 이십 년에 걸쳐 이루었습니다. 끝까지 포기하지 않았기 때문에 성공하지 못했다 해도 후회하지 않습니다.”

시련은 우리의 지혜와 인내심을 강하게 만든다. 고생 끝에 얻는 기쁨은 오래 숙성된 술에서 풍기는 향기처럼 달콤하다. 20년간 시련을 겪은 사람은 어떻게 되었을까? 스웨의 이야기를 통해 알아보자. 온갖 시련 속에서도 20년간 한 가지 일에 계속 몰두한 스웨는 온라인을 뜨겁게 달군 역사소설《명나라 사건》을 완성했다.

평범한 가정에서 태어난 스웨는 내성적인 성격으로 학창 시절에 성적도 보통이었고 특별한 장기도 없었다. 그는 선생님이나 친구들에게 늘 존재감 없는 학생이었다.

스웨가 남들과 구별되는 유일한 점은 그가 역사광이었다는 사실이다. 초등학교 시절, 남자애들이 장난감을 가지고 놀 때 스웨는 역사 이야기에 빠져 살았다.《상하오천년》이라는 역사책은 스웨의 청소년기 시절 가장 친한 친구였다. 대학에 들어가서도 친구들이 연애나 게임에 열중할 때, 그는 여전히 역사책과 시간을 보냈다. 시간만 나면 도서관에 틀어박혀 두꺼운 역사책을 끼고 살았다.

공무원이 된 후에도 스웨는 여전히 오래된 역사 인물들과 친구로 지냈다. 사람들은 그를 별종에 괴짜라고 여겼다.

평소에 그는 술, 담배를 하지 않았으며 도박에 빠지거나 친구들과 어울려 다니지도 않았다. 퇴근 후에 회식이나 모임에 나가는 법도 없었다. 그는 대부분 좁은 방에 들어가 역사책을 읽거나 흥미로운 역사 이야기를 기록하며 지냈다.

어느 날, 롄야와 신랑 게시판에《명나라 사건》이라는 역사소설이 올라와 네티즌의 사랑을 독차지했다. 매월 그 소설을 열람한 사람이 백만 명을 넘어섰다. 출판사에서 스웨의 회사로 찾아와 앞다투어 계약서를 내밀었을 때야 동료들은 눈에 띄지 않는 내성적인 청년이 바로 인터넷을 뜨겁게 달군 소설가 '당년명월'임을 알고 놀랐다.

훗날, 성공의 비결을 묻는 기자에게 스웨는 이렇게 말했다.

"저보다 재능이 뛰어난 사람은 저보다 노력을 안 하고, 저보다 노력을 많이 하는 사람은 저만큼 재능이 없었던 것 같습니다. 그리고 저보다 재능도 뛰어나고 노력도 많이 한 사람은 저만큼 시련을 겪지 않았을 겁니다!"

성공은 시련에서 나온다. 우리는 시련을 통해 심신을 단련하고 기를 단전으로 모아 정신을 한 가지 일에 집중한다. 시련은 오랜 시간의 고통과 인내를 의미한다. 시련을 극복한 사람은 성공의 열매를 맺지 못한다 해도 후회하지 않으며 그러한 경험을 소중하게 간직한다. 🐈

때를 기다려라

덥고 건조한 날씨에는 힘을 비축해둬야
단비가 내릴 때 생명력을 불어넣을 수 있다.

직장에서든 가정에서든 뭐든지 단번에 이루려는 사람이 많다. 하지만 세상에 그렇게 쉽게 해결되는 일은 거의 없다. 컴퓨터에 프로그램을 설치하는 일도 그렇고 가전제품을 고르는 일도 그렇다. 전자기기 업그레이드나 물건 교환도 마찬가지다.

수많은 역사적 사건을 살펴봐도 그렇다. 강자가 되고 싶으면 강한 의지 외에도 때가 올 때까지 기다릴 줄 아는 지혜가 필요하다. 초나라의 장왕은 3년간 아무것도 하지 않았고, 월나라의 구천은 3년간 치욕을 참고 지냈다. 치욕을 견딘 구천이 오직 3천 명의 월나라 군사로 오나라를 무찌를 수 있었던 것은 모두 때를 기다렸기 때문이다.

단번에 성공을 이룬 것처럼 보이는 사람도 사실은 오랜 시간을 기다렸기에 가능했으며, 갑자기 깨달음을 얻은 사람도 어둡고 좁은 방에서 오랜 수련을 거쳤다. 또한, 아름다운 풍경도 열심히 산을 오른 뒤에야 감상할 수 있는 법이다.

기다림은 머물러 있는 상태가 아니라, 한 번에 천 리까지 도약할 수 있는 가능성이다. 그렇다면 어떤 '때'를 기다리는 걸까? 바로 하늘이 주는 때, 땅이 주는 때, 사람이 주는 때다. 때를 기다리며 깊이 생각하고 멀리 내다보는 지혜를 키워야 한다.

삼국 시대의 제갈량은 10년간 산속에서 지내며 절호의 기회를 기다리고 있었다. 제갈량은 산속에 살면서도 세상 돌아가는 이치를 한눈에 파악하며 '삼고초려=顧草廬'할 성군을 기다렸다.

제갈량이 어린 나이에 부모가 죽자 그 형제들은 원술의 예장태수로 임명된 숙부 제갈현을 따라 예장으로 건너갔다. 얼마 후, 동한 조정에서 제갈현 대신 주호를 임명하니, 숙부는 어쩔 수 없이 친구에게 몸을 의탁했다.

건안 2년(197년), 제갈현은 병이 들어 죽자 제갈량과 형제들은 남양으로 이동했다. 17세의 제갈량은 친구 서서와 수경 선생 사마휘를 스승으로 삼았다. 하지만 우매하고 무능한 유표를 보고 남양 와룡강에 초가집을 짓고 은거하니, '와룡선생'이라 불리게 되었다.

제갈량은 그렇게 10년간 은거하며 방덕공, 방통, 사마휘, 황승

언, 석광원, 최주평, 서서 등의 유명한 은사들과 어울렸다. 제갈량은 천하를 바로잡고자 하는 의지를 가지고 있었기에 은밀히 시국을 주시하며, 천하의 형세를 손바닥 보듯 했다.

건안 12년(207년), 제갈량이 27세 되던 해에 드디어 유비가 삼고초려하며 제갈량에게 천하를 통일할 방법을 물었다. 제갈량은 당시의 형세를 치밀하게 분석하여 이른바 '융중' 대책을 내놓는다. 제갈량의 치밀한 분석과 호탕한 사상에 매료된 유비는 그가 훌륭한 인재라 판단하고 함께 길을 떠나자고 간청했다. 성군을 알아본 제갈량은 결국 10년간의 은둔생활을 마치고 유비를 도와 제국의 위업을 달성했다.

침착하게 때를 기다리는 것은 매우 성숙한 자세다. 능력이 부족하고 기초가 불안할 때는, 제비가 진흙을 물어다 둥지를 짓듯이 세력을 비축하며 기다려야 한다. 날개가 풍성하게 자라지 않은 새끼 매는 낮은 벽을 여러 번 넘으며 비상하는 연습을 꾸준히 해야 날개가 풍성해졌을 때 창공으로 높이 날아오를 수 있다.

《홍루몽》에서 가우촌은 말했다.

'옥은 상자에서 좋은 값으로 팔리길 바라고, 비녀는 경대에서 날아가길 기다리네.'

그는 이것으로 주목받지 못하는 자신의 처지를 나타내며 언젠가는 출세하리라는 꿈을 품었다. 사람들은 목표가 생기면 어떻게든 달성하려고 노력한다. 이때 시련이 찾아오면 결코 경솔하게 행동해서는 안 된다. 그때는 잠시 모든 걸 내려놓고 실력을 쌓으며 때를 기다리는 것이 좋다. 차분히 마음을 가라앉히고 하늘을 가리는 구름이 지나갈 때까지 기다리는 것이다.

기다림은 두려워서 피하거나 소극적으로 대처하려는 자세가 아니다. 적절한 시기가 왔을 때 기회를 잡는 것이야말로 성공으로 가는 비결이다. 지중해 동해안 사막에는 민들레가 자란다. 민들레는 계절에 따라 생명력을 조절할 수 있는데, 비가 오지 않으면 그해에는 꽃을 피우지 않는다. 하지만 비가 오면 언제든 강우량에 관계없이 빠르게 꽃잎을 펼쳐 수정하고 씨앗을 멀리 퍼뜨린다.

유대인들은 친한 사람에게 민들레를 선물하는 풍습이 있다. 민들레는 화분에 심으면 물을 잘 흡수해 빠르게 꽃을 피우기 때문이다. 유대인들의 민들레를 선물하며 그들의 지혜를 전달하는 것이다. 자신을 발전시킬 기회는 사막의 단비처럼 아주 적지만, 민들레처럼 강인한 생명력과 때를 기다릴 줄 아는 인내심을 가진다면 반드시 기회를 잡을 것이다.

때로는 우리가 처한 상황이 사막처럼 척박하다고 느껴진다. 하지만 덥고 건조한 날씨에는 힘을 비축해둬야 단비가 내릴 때 생명력을 불어넣을 수 있다. 싹을 틔우기 위해 때를 기다리는 씨앗처럼 우리도 열심히 준비하며 적절한 때를 기다린다면 성공의 길이 조금 더 가까워질 것이다. 🖐

삶이 있는 한 희망은 있다.

동트기 직전의 어둠을 건너라

끝까지 참고 견디면 승리하지만 직전에 포기하면
지금까지의 모든 노력이 수포로 돌아갈 것이다.

잭은 마지막 순간까지 온 힘을 끌어모아 말했다.

"살겠다고 약속해줘. 무슨 일이 있어도 살아야 해. 절대 포기
하지 마."

로즈는 작은 판자에 누워 슬픔을 억누르며 대답했다.

"약속할게. 절대 포기하지 않겠다고……."

이것은 영화 〈타이타닉〉의 명장면이다. 결국 로즈는 목숨을
건진다.

잭이 바다에서 동사했을 때 로즈는 비통의 눈물을 흘리며 슬
퍼했다. 하지만 잭의 사랑과 희생을 생각하며 끝까지 포기하지
않고 살아남았다.

구명정이 바다를 수색하러 왔다가 생존자를 찾지 못하고 멀어져 갈 때, 함께 바다로 뛰어내린 사람들은 마지막 희망을 놓고 죽어갔다. 하지만 로즈는 결코 포기하지 않으며 구명정이 다시 자신을 구하러 올 거라고 믿었다. 그리고 마침내 멀리서 구명정의 탐조등이 로즈가 있는 쪽으로 반짝거렸을 때, 그녀는 온 힘을 다해 호루라기를 불었다.

구명정이 실종자들을 탐색하러 왔다가 찾지 못하고 멀어졌을 때 사람들은 정신을 잃고 모든 희망을 놓아버렸다. 오랜 기다림과 인내는 아무런 보상도 받지 못하고 사라지고 말았다. 하지만 로즈는 끝까지 희망을 놓지 않았다.

어쩌면 노력을 포기할 때가 성공과 가장 가까이 있는 순간일지도 모른다. 몇걸음만 앞으로 가면 먹구름이 물러가고 맑은 하늘을 볼 수 있는데, 끝까지 참지 못하고 포기하니 모두 허사가 되고 만다. 살면서 우리가 겪는 좌절은 성공으로 가기 위한 일종의 시험이다. 모두가 안 된다고 할 때 왜 더 앞장서서 나가지 않는가? 신념을 가지고 끝까지 참고 견디며 노력한다면 못 이룰 꿈이 없을 것이다.

태양의 신 아폴로와 문학과 예술의 뮤즈 여신 칼리오페의 아들 오르페우스는 우아한 목소리와 아름다운 리라를 가지고 있었다. 오르페우스의 리라 연주 솜씨는 바위도 눈물을 흘리고 흘러가는 물도 멈출 정도였다.

오르페우스는 아름다운 여인 에우리디케를 신부로 맞이했지만 열흘도 지나지 않아 에우리디케가 숲속을 거닐던 중 독사에 물려 목숨을 잃고 만다. 오르페우스는 저승으로 내려가 아내를 구해 오기로 결심했다. 그는 리라를 켜서 하데스에게 사랑하는 아내를 살려달라고 애원했다. 오르페우스의 연주에 감동한 하데스는 그에게 아내를 돌려주기로 약속했지만 조건이 있었다. 지상으로 올라가기 전까지 무슨 일이 있어도 뒤를 돌아봐서는 안 된다는 것이었다.

지상으로 나가는 출구에 이르렀을 때 오르페우스는 아내가 잘 따라오는지 확인하려고 뒤를 돌아보았다. 바로 그때 에우리디케는 다시 저승으로 끌려가고 말았다. 에우리디케는 마지막으로 남편에게 소리쳤다.

"사랑하는 그대여, 마지막 이별이군요!"

오르페우스는 슬픔에 잠겨 4년간 홀로 지냈다. 그동안 많은 미녀가 그의 마음을 사로잡으려 했지만 오르페우스는 끄떡도 않고 거절했다. 그러자 상처 입은 미녀들은 힘을 합쳐 오르페우스를 죽이고 시체를 갈기갈기 찢어 헤브론 강가에 버렸다.

훗날, 오르페우스의 비극을 들은 제우스는 그가 좋아했던 리라를 하늘로 가져와 거문고자리로 만들어주었다.

오르페우스는 신념이나 용기도 있었지만, 끝까지 참고 견디는 인내심이 부족해 성공을 눈앞에 두고 모든 것을 허사로 만들어버렸다. 성공으로 가는 여정에는 수많은 장애물이 놓여 있으며, 그때마다 사람들은 흔들리고 유혹당한다. '백 리를 가는 사람이 구십 리를 반으로 잡는다'라는 말처럼 최종 목적지에 가까워질수록 점점 힘들어진다. 이때 끝까지 참고 견디는 사람만이 좋은 결실을 맺을 수 있다. 99리를 갔어도 나머지 1리를 가지 못하면 성공했다고 볼 수 없다. 끝까지 인내하지 않으면 그때까지의 모든 노력이 수포로 돌아가고 만다. 🐈

높이 올라갈 수 있도록
적절한 때에 몸을 낮추어라.

몸을 낮춰야 높이 올라갈 수 있다

적절한 때에 몸을 낮추어야 높이 올라갈 수 있다.

프리드리히 니체는 말했다.

"나무가 하늘 높이 우뚝 솟을 수 있는 것은 땅속에 든든히 뿌리를 내렸기 때문입니다."

그 밖에도, 바다가 수만 갈래의 강물을 품을 수 있는 것은 낮은 곳에 위치하기 때문이다. 천 리 길도 한 걸음부터라는 말도 같은 의미다. 사물은 늘 일정한 순서에 따라 발전하며 빠르게 가는 방법은 없다. 성실히 노력하며 차근차근 준비하는 수밖에 없다.

벼락출세는 말처럼 흔한 일이 아니다. 한마디로 극소수의 사람에게만 해당한다. 목표가 있다면 어떤 치욕도 참을 수 있지만, 목표가 없으면 구차하게 살아가게 되어 있다. 동기가 무엇이든 인내심을 가지고 최선을 다하면 그러한 노력이 쌓여 큰 힘이 될 것이다. 탄력이 강한 스프링은 영원히 눌려 있지 않으며, 때가 되면 위로 높이 튕겨 올라간다.

전국 시대에 위로는 천문에 밝고 아래로는 지리에 능하여 군대를 부리는 책략이 뛰어난 자가 있었다. 그에게는 두 명의 제자가 있었는데 사형은 제나라 사람으로 어릴 때 고아가 되었으나 총명하고 인정이 넘쳐서 스승의 사랑을 한 몸에 받았다. 사제는 위나라 사람으로 천부적으로 학문에 재능이 있었으나 사형에 비해 늘 뒤처졌으며, 성격이 교활하고 권모술수에 능했다. 사제는 마음속으로 사형의 재능을 질투했지만, 입으로는 늘 나중에 출세하면 반드시 사형을 추천해 부귀영화를 누리게 해주겠다고 큰소리쳤다. 사형은 사제의 말을 추호도 의심하지 않았다.

두 사람은 사부로부터 학문, 병법, 용병술을 전수받았다. 그러던 어느 날, 위나라 혜왕이 인재를 구한다는 소식이 들려왔고, 위나라 사람이었던 사제는 그것을 기회로 조정에 들어갔다. 사형과 헤어지면서 그는 반드시 사형을 추천해 좋은 벼슬을 주겠다고 약속했다. 조정의 관리가 된 사제는 혜왕의 총애를 받는 참모가 되어 큰 공을 세웠지만, 늘 그의 사형이 마음에 걸렸다. 그가 조정으로 들어온 뒤 3년 동안 사형은 스승에게 계속 가르침을 받았으니, 그가 하산해 제나라로 가면 강력한 적이 될 게 뻔했기 때문이다. 사제는 우환을 미연에 방지하려는 마음으로 계략을 세웠다. 그는 입궁해 혜왕에게 사형의 재능을 치켜세우며 그를 불러들이자고 제안한다. 그러자 혜왕은 크게 기뻐하며 즉시 그를 조정으로 불러들여 사제와 함께 역사서를 편찬하게 했다. 사형은 혜왕의 부름에 흔쾌히 응했고 사제를 도와 대업을 이루려는 꿈을 안고 조정으로 들어왔다. 사형을 본 혜왕은 그의 비범한 능력을 알아채고는 중요한 일이 있을 때마다 함께 상의하길 청했다. 하지만 사형을 시기한 사제는 혜왕에게 "그자는 아직 실력이 부족하니 능력이 출중해졌을 때 다시 부르는 게 어떠합니까?"라고 말하며 능력을 발휘할 기회를 빼앗아버렸다.

얼마 후, 사제는 첫 번째 음모를 조작했다. 사형이 적국에 위나라의 정보를 팔아먹었다고 모함한 것이다. 평소 신의를 중요하게 생각한 혜왕은 사형을 참수하라고 했으나, 사제는 그를 구해달라 청하며 참수형을 면하게 했다. 하지만 사형은 두 다리의 슬개골을 파내는 중형을 받고 불구가 되었다. 사제는 불구가 된 사형을 보살펴주겠다는 핑계로 자기 집으로 데려와 스승에게 배운 병법을 가르쳐달라 청했다. 그렇게 몇 날 며칠이고 방에서 스승의 가르침을 옮겨 적는 사형을 본 어느 하인이 답답한 마음에 모든 것이 사제의 계략이었다는 사실을 알려주었다. 사형은 병서가 완성되는 날이 자신의 제삿날이 될 것임을 직감했다.

사형은 불구의 몸으로는 아무것도 할 수 없다는 사실을 깨달았다. 따라서 밤마다 바닥에 쓰러져 입에 거품을 물고 정신을 잃은 행세를 하기 시작했다. 그리고 큰 소리로 울부짖는 척하며 자신이 쓴 병서를 화롯불에 던져 태워버렸다. 사제는 사형이 미친 척하며 자신을 속인다고 생각하여 사람을 시켜 그를 돼지우리에 가뒀다. 사형은 돼지와 함께 먹고 자며 계속 뜻 모를 소리를 지껄여 미친 연기를 했다. 다행히 시간이 흐르자 사람들은 그가 정말 미쳤다고 믿게 되었다.

사형은 억지로 구차한 삶을 이어가며 때를 기다렸다. 마침 제나라 장군 전기가 외교사절로 위나라를 찾았다가 돼지우리에 갇혀 지내는 사형을 발견하였다. 그는 사형의 비범한 능력을 알아보고 몰래 그를 빼내 제나라로 데려갔다. 구사일생으로 살아난 사형은 때를 기다렸다가 사제와 정면으로 겨루어 대승을 거두었다. 훗날, 제나라 참모가 된 사형은 전투에서 위나라 군대를 침략해 사제를 죽이고 그동안의 설욕을 깨끗이 씻었다.

위 이야기는 중국 최고의 참모였던 손빈의 실화다. 손빈은 평생 불구로 살았으며, 수족처럼 친했던 사제 방연의 박해로 말미암아 정신적으로도 큰 상처를 받았다. 위나라에 머물던 당시 손빈은 출중한 능력을 펼치지 못했으며, 방연에 대한 복수심으로 가득 차 있었다. 또한, 언제 죽을지도 알 수 없는 위태로운 처지였다. 하지만 그는 절대 포기하지 않고 때가 오기만을 기다렸다.

미국의 유명한 작가 마크 트웨인은 막 대학을 졸업한 청년의 편지를 받았다.

'저는 얼마 전 대학을 졸업했습니다. 앞으로 미국 서부로 건너가 신문사 기자가 되고 싶은데 낯선 환경에서 어떻게 해야 할지 모르겠어요. 사람도 땅도 낯선 그곳에서 직장을 구하려면 어떻게 해야 할까요?'

마크는 청년을 위해 3단계 구직 방법을 알려주었다.

'1단계, 높은 연봉을 바라지 말고 일을 배울 수 있는 신문사를 찾으세요. 2단계, 일자리를 찾으면 묵묵히 최선을 다해 일하고, 요구 사항은 그다음에 요청하세요. 3단계, 경력이 쌓이면 훨씬 좋은 일자리가 당신을 기다리고 있을 겁니다.'

청년은 마크의 3단계 방법에 따라 착실히 경력을 쌓았고, 최고의 회사로부터 러브콜을 받는 훌륭한 기자가 되었다.

처음에 높은 연봉을 바라지 말라는 것은 자신을 낮추라는 말이다. 동시에, 능력을 단련하고 경험과 실력을 쌓으라는 뜻이기도 하다. 이처럼 대학을 졸업하고 막 사회에 발을 내딛은 청년이라면 반드시 자신을 낮추고 실력을 쌓아야 한다. 자신을 낮추지 못하는 사람은 아무리 좋은 일자리를 찾더라도 영원히 높이 올라갈 수 없을 것이다.

적절한 때에 몸을 낮추는 것은 두려워서 도망치거나 발전 의지가 없다는 뜻이 아니다. 이것은 오히려 자신에게 기회를 주기 위해 능력을 쌓고 마음을 다잡아 높이 올라갈 수 있도록 하기 위한 자세다. 🐿

살다 보면 일이 뜻대로 풀리지 않을 때가 많다.
그럴 때 경솔하게 행동하는 사람이 있고,
침착하게 행동하는 사람이 있다.
마음가짐은 일의 발전 방향을 결정한다.
따라서 일이 뜻대로 풀리지 않아도 마음을 고요하게 다스리고
상황을 이성적으로 분석해야 대책을 세울 수 있다.

세찬 비바람에도 흔들리지 않는다

감정을 효과적으로 조절할 줄 알아야 한다.

감정은 사람들의 필요와 객관적인 사물 간의 짧고 강렬한 신체적 경험이다. 감정은 일종의 주관적인 기분, 생리적인 반응, 인지의 상호작용이며, 특정한 행동을 불러일으킨다. 또한, 성공에 큰 영향을 미칠 수 있는 비이성적 요소다. 미시간대학교 낸디 넬슨의 연구에 따르면 사람은 전 생애의 3/10을 기분이 좋지 않은 상태로 지낸다. 따라서 우리는 종종 부정적인 감정과 싸울 필요가 있다.

감정은 충분히 조절할 수 있다. 감정의 인지, 조화, 유도, 통제를 통해 감정 조절 능력을 키우면 양호한 감정 상태가 유지될 것이다.

때때로 감정은 생리적인 요소의 영향을 받는다.《황제내경》에 따르면 사람은 희喜 · 노怒 · 애哀 · 구懼 · 애愛 · 오惡 · 욕欲의 일곱 가지 감정과 생生 · 사死 · 이耳 · 목目 · 구口 · 비鼻의 여섯 가지 욕망을 가지고 있으며, 지나치게 기뻐하면 심장이 상하고, 화를 내면 간이 상하며, 걱정을 너무 하면 비장이 상하고, 슬퍼하면 폐가 상하며, 두려워하면 신장이 상한다고 했다. 이처럼 감정은 인체에 해로운 영향을 미칠 수 있다. 감정 조절이 잘 안되면 근육이 긴장하는데, 특히 위팔의 근육이 긴장해 저절로 주먹을 불끈 쥐게 된다. 또한, 주변의 혈관이 확장됨에 따라 얼굴이 상기되고 열이 발생하며, 손바닥 온도도 함께 올라간다. 그리고 호흡이 가빠지고 심장이 빠르게 뛰며 혈압이 상승한다. 감정 통제가 잘 이루어지지 못하면 심장과 심뇌혈관에 심각한 영향을 미칠 수 있다.

감정을 통제하기는 어렵지만 통제하지 않으면 본인은 물론이고 타인에게도 부정적인 영향을 미친다.

성격이 제멋대로인 청년이 있었다. 그는 일이 조금이라도 뜻대로 풀리지 않으면 늘 다른 사람들에게 화풀이를 했다. 어느 날, 청년의 아버지가 그에게 못을 건네며 말했다.

"화가 날 때마다 정원 벽에 못을 박아보렴."

처음 못을 받은 날, 청년은 서른일곱 개의 못을 박았다. 그런데 그는 못을 다 박고 나서 온몸의 힘이 다 빠지고 말았다.

청년은 힘들게 벽에 못을 박느니 화를 참아보자고 생각했다. 그러자 화를 내는 횟수가 점차 줄어들었다. 그리고 드디어 그는 완전히 자신의 감정을 통제할 수 있게 되었고, 다시는 벽에 못을 박지 않았다. 아버지는 그를 칭찬하면서 말했다.

"이제부터는 화를 참지 못할 때마다 벽에 있는 못을 뽑아보렴."

얼마 후, 청년은 벽에 못을 박는 일만큼 벽에서 못을 뽑는 일도 아주 힘들다는 사실을 깨달았다.

아버지가 말했다.

"자, 보렴. 못이 뽑히면서 생긴 구멍은 여전히 사라지지 않는단다. 네가 화를 내면서 사람들에게 준 상처도 이 못처럼 상처를 남긴단다. 네가 아무리 사과를 해도 상처는 영원히 사라지지 않는다는 사실을 명심하렴."

우리는 감정을 통제하는 법을 배워야 한다. 화나는 일이 있다면 일단 마음을 가라앉히고 문제의 원인을 분석한 뒤에 행동하자. 경솔하고 비이성적인 행동은 최대한 자제해야 한다.

성공한 사람 대부분은 심리적인 문제를 잘 극복한다. 늘 긍정적인 생각을 하고 부정적인 생각에서 벗어나기 위해 노력한다. 또한, 부정적인 감정을 억제하기 위해 문제의 원인이 된 사람을 용서하고, 충동적인 감정을 건설적인 방향으로 전환시킨다. 옛말에 '나무는 가만히 있으려 하지만 바람은 끊임없이 흔들어댄다'라고 했다. 나무가 바람으로부터 자유로워지기 위해서는 튼튼한 뿌리, 강한 줄기와 가지가 있어야 한다. 사람도 감정을 잘 조절할 수 있을 때 더 자유로워질 것이다.

바다처럼 넓은 마음을 가져라

관용은 모든 갈등과 오해의 '해결사'다.
넓은 가슴을 가져야 더 많은 사람과 더 큰 세상을 담을 수 있다.

사람과 사람이 부대끼며 사는 세상에서 충돌은 피할 수 없다.
이때 관용은 갈등과 오해의 '해결사' 역할을 한다. 아량이 크면
사리사욕과 잡념을 몰아내고 관용의 자세로 상대방의 마음을
헤아리고 선의를 베풀 수 있다. 따라서 가슴이 넓을수록 포용력
도 커질 것이다.

스승이 제자에게 시장에서 장을 봐 오라고 시켰다. 얼마 후 제자
는 화가 잔뜩 난 얼굴로 돌아왔다. 스승이 물었다.

"왜 그렇게 화가 났느냐?"

"시장엘 갔는데 사람들이 저를 빤히 쳐다보며 비웃지 뭡니까!"

"그래? 왜 너를 비웃는단 말이냐?"

"제 키가 너무 작다고 그랬습니다. 쳇! 그들이 뭘 알겠습니까! 제가 키는 작아도 마음만은 바다처럼 넓다는 것을요!"

제자의 말을 들은 스승은 말없이 대야를 가져오더니 제자를 데리고 바닷가로 갔다. 바닷가에 도착한 스승은 대야에 바닷물을 가득 담더니 그 안에 작은 돌멩이를 떨어뜨렸다. 그러자 대야에 큰 물결이 일었다. 그리고 스승은 큰 돌멩이를 주워 바다에 던졌다. 하지만 바다는 아무런 변화가 없었다.

"네 마음이 넓다고 했더냐? 그런데 내 눈에는 그리 보이지 않는구나. 밖에서 싫은 소리 몇 마디 들었다고 이렇게 화를 내다니! 대야에 작은 돌멩이를 던진 것과 다를 바가 없지 않으냐?"

스승의 말씀에 제자는 크게 깨달았다. 넓은 바다에 비하면 자신의 마음은 작은 대야에 불과했던 것이다.

마음의 크기에 따라 사람이 받아들일 수 있는 일의 크기도 달라진다. 칼릴 지브란은 말했다.

"바다는 모든 것을 받아들일 수 있을 만큼 넓지만, 바다보다는 우주가 더 넓고, 우주보다는 사람의 마음이 더 넓습니다."

아무리 분노하고 원한에 사무치더라도, 아무리 사리사욕이 생긴다 해도 관용의 마음으로 '종양'을 제거해내야 한다. 남이 나에게 잘해주면 나도 잘해주고, 남이 나에게 잘 못해주어도 여전히 그에게 잘해주어야 한다.

당나라 무측천 재위 당시 적인걸이라는 재상이 있었다. 그는 권력을 두려워하지 않고 유능한 인재를 추천하고 등용했다. 그런 적인걸을 재상의 자리에 올려놓은 이가 누사덕이다.

누사덕은 팔 척 장신에 네모난 입과 넓은 입술을 가지고 있었는데, 평생 사람들과 다투지 않았으며 무슨 일이든 늘 양보를 했다. 아우가 벼슬에 오르자 그는 매사에 양보하며 살 것을 당부했다. 그러자 아우가 물었다.

"누군가 제 얼굴에 침을 뱉더라도 상관하지 말고 잠자코 닦으며 살겠습니다. 그러면 충분하겠지요?"

아우의 말을 듣고 누사덕은 이렇게 훈계했다.

"누군가가 네 얼굴에 침을 뱉었다면 분명히 화가 난 이유가 있을 것이다. 그런데 네가 그 자리에서 바로 침을 닦는다면 상대의 기분을 상하게 할 것이니 침을 닦지 말고 그대로 두어야 한다. 침은 시간이 지나면 자연히 마르게 되어 있으니 아무도 없을 때 다시 씻으면 된다('타면자건唾面自乾'이라는 성어는 여기에서 나왔다)."

인재를 추천하는 일에서도 누사덕의 넓은 마음을 엿볼 수 있다. 그는 일찍이 적인걸이 문무를 겸비한 인재임을 알아보고 무측천에게 적인걸을 추천했다. 지난날 적인걸은 누명을 쓰고 옥살이를 한 경험까지 있었지만 무측천은 누사덕의 추천을 받아들여 그를 재상으로 앉혔다.

누사덕은 적인걸에게 자신이 그를 추천했음을 말하지 않았다. 훗날 누사덕도 재상의 자리에 올랐지만 적인걸과 의견이 맞지 않아 마찰을 빚었다. 적인걸은 누사덕을 못마땅하게 여겨 그를 변방으로 몰아내려고 했지만, 누사덕은 전혀 개의치 않았다.

어느 날, 무측천은 적인걸과 정사를 논하던 중 누사덕을 칭찬했다. 하지만 적인걸은 동의하지 않았다.

"신은 그와 함께 조정에 몸담고 있으나 이제껏 한 번도 그가 유능한 인재라는 소리는 못 들어봤습니다."

무측천이 웃으며 말했다.

"내가 그대를 등용한 것은 사실 누사덕의 추천 때문이었네. 그런데도 내 말에 동의하지 못하겠는가?"

적인걸은 깜짝 놀라 진땀을 흘리며 자신의 좁은 마음을 부끄러워했다. 그는 누사덕의 높은 인품에 탄복하며 본받아야겠다고 다짐했다.

마음의 크기는 일의 성패를 좌우한다. 세상을 품으려면 사사로운 원한은 개의치 말아야 한다.

춘추 시대, 제양공이 살해당하자 그의 아들 규와 소백은 서로 왕의 자리를 차지하려고 서둘러 제나라로 향했다. 소백은 제나라로 가는 길에 매복하고 있던 규의 스승인 관중과 군사를 만났다. 소백은 관중이 쏜 화살에 맞아 바닥에 쓰러졌다.

관중은 소백이 죽었다고 생각하고는 제나라로 돌아갔다. 하지만 소백은 일부러 죽은 척한 것일 뿐 실제로 화살을 맞지는 않았다.

그는 스승 포숙아의 도움으로 규보다 제나라에 먼저 도착해 왕위에 올라 제환공이 되었다. 제환공은 즉위하자마자 규를 제거하고 관중을 체포해 처벌하라는 명을 내렸다.

그때 포숙아는 오히려 관중을 재상으로 등용하기를 추천했다. 그러자 분노한 제환공이 물었다.

"관중은 내 목숨을 앗으려 한 자이거늘 어찌 그를 추천하는가?"

"그것은 관중이 규의 스승이었기 때문에 충성심에 저지른 짓입니다. 전하는 이제 막 보위에 오르셨고 국정이 위태로우니 빠르게 안정시킬 필요가 있습니다. 관중은 저보다 뛰어난 인재이니 대업을 이루시려거든 지난날의 원한은 잊으시고 그를 재상으로 발탁하십시오."

제환공은 포숙아의 의견을 받아들여 관중을 재상으로 임명했다. 관중은 과연 원대한 포부를 가지고 있었다. 그는 안으로는 국정을 안정시키고 밖으로는 철을 생산하여 제나라를 부강하게 만들었으며, 제환공은 관중의 도움으로 마침내 춘추오국의 패업을 달성했다.

이처럼 인내하고 양보할 줄 아는 사람만이 큰 뜻을 펼칠 수 있다. 넓은 가슴을 가져야 더 많은 사람과 더 큰 세상을 담을 수 있으며, 그것이 바로 성공의 비결이다.

행복한 삶의 비밀은 올바른 관계를 형성하고
그것에 올바른 가치를 매기는 것이다.

넓은 길로 나아가라

감정적으로 일을 처리하면 성공할 수 없다.
충동적인 사람일수록 더 많은 손해를 입을 것이다.

사소한 문제로 시작된 말다툼이 큰 싸움으로 번지는 경우를 종종 볼 수 있다. 그러다 부상을 입기도 하고 심하면 목숨을 잃기도 한다. 법적인 제재가 가해지고 나서야 사람들은 후회하며 충동을 참지 못해서 그랬다는 변명을 늘어놓는다. 하지만 그때는 이미 늦다.

충동은 악마와 같다. 감정이 북받치면 이성을 잃게 만들어 이유도 모른 채 이상행동을 하게 조장한다.

사람들 간에 오해는 있을 수 있지만, 그때마다 충동적으로 행동한다면 평생 후회하며 살게 될 것이다. 작게는 인간관계부터 크게는 국가의 정치까지 같은 이치다. 충동적인 감정은 머리를 어지럽히고, 주변 환경에 대한 객관적 판단을 흐리게 만들어 실패의 길로 이끈다. 관우가 맥성으로 도망가 살해당하자 의형제이자 일국의 군주였던 유비는 마음을 가라앉히지 못하고 충동적으로 행동했다.

유비는 힘들게 동천과 서천, 형주를 차지하고 제업의 꿈을 이루었다. 하지만 관우는 실수로 동오에 형주를 빼앗기고 자신도 죽기 직전의 위협에 처하고 만다. 이 소식을 들은 유비는 비통해하며 즉시 군사를 일으켜 오나라를 치고 관우를 구하겠다고 다짐했다. 하지만 조운은 유비를 말렸다.

"지금 우리의 적은 조씨 가문이지 오나라의 손권이 아닙니다. 조조는 죽었지만 조비가 한나라를 찬탈한 상황입니다. 그러니 동오가 아니라 조비를 치는 게 맞습니다. 동오와 전쟁을 시작하면 쉽게 끝내지 못할 테니 큰 손해를 볼 게 뻔합니다. 부디 정세를 살피시옵소서."

유비는 조운의 말이 맞는다는 것을 알면서도 의형제의 정을 저버리기는 어려웠다. 복수심에 타오른 유비는 조운에게 말했다.

"손권이 내 형제를 죽였는데 어찌 가만히 있으란 말인가! 반드시 관우의 원수를 갚고 손씨 가문을 멸망시켜야 한다."

조운은 다시 유비를 설득했다.

"조비는 한나라를 빼앗은 국가의 원수입니다. 형제의 원수를 갚는 일은 사적인 일에 불과하지요. 천하의 뜻을 살피시길 바랍니다."

하지만 유비는 여전히 조운의 말을 듣지 않았다.

"내가 형제의 원수를 갚지 않는다면 천하가 다 무슨 소용인가?"

유비는 병사를 이끌고 동오를 침공해 강동을 손에 넣었으나 결국 육손의 화공과 잇따른 공격에 참패하고 목숨을 잃는다.

유비는 관우가 죽었다는 소식에 슬퍼하고 분노한 나머지 비이성적인 결정을 내렸고, 결국 자신이 가진 모든 것을 잃고 말았다. 유비의 실패는 스스로 자초한 것이나 다름없다.

우리는 감정과 욕망을 인간의 자연스러운 특징으로 생각한다. 하지만 이성이 감정의 통제를 받는다면 잘못된 판단과 선택을 내릴 수 있다. 따라서 감정적으로 일을 처리하는 사람은 미성숙할 수밖에 없다. 조운의 충고를 무시하고 고집대로 밀어붙인 유비는 감정적인 인물이었다. 그런 면에서 유비와 동시대를 살았던 조조는 성숙한 인물로 평가된다. 조조는 가족이 죽는 비통한 상황에서도 유비와는 전혀 다른 선택을 했다.

청주의 황건족을 토벌해 기반을 얻은 조조는 상황이 유리해지자 사람을 보내 아버지 조숭을 모셔와 효도를 다할 생각이었다. 조숭이 식솔 40여 명을 이끌고 서주로 접어들자 서주 태수 도겸은 조조의 환심을 사기 위해 연회를 베풀어 극진히 대접했다.

하지만 조숭의 비위를 맞추려는 도겸의 마음은 오히려 나쁜 결과를 가져오고 말았다. 그는 병사 500명을 조숭의 호위대로 보냈는데 그 안에 황건족의 잔당이 섞여 있었던 것이다. 황건족의 잔당은 조숭의 재물에 눈이 멀어 흑심을 품었다. 그리하여 밤을 틈타 조숭을 살해하고 재산을 훔쳐 달아났다.

소식을 들은 조조는 격분하여 치를 떨었다.

"도겸의 부주의로 아버지가 돌아가셨다. 원수와 같은 하늘 아래 살 수 없지! 군사를 일으켜 반드시 서주를 몰락시키리라!"

하지만 조조가 군사를 이끌고 서주에 도착해 성을 포위하자 도겸은 황급히 공융에게 도움을 청했고, 공융은 유비를 불렀다. 유비는 공손찬에게 군사를 빌려 서주의 포위망을 뚫고 조조와 대치했다. 양군이 첨예하게 대치하는 상황에서 여포는 조조의 근거지인 연주를 습격하고 복양을 점령했다.

당시 조조는 냉정하게 자신이 처한 상황의 심각성을 인식하고는 이렇게 생각했다.

'연주를 잃으면 돌아갈 곳이 없어지겠구나. 대책을 세워야 해.'

조조는 즉시 서주에서 물러나 연주로 돌아갔고, 다행히 자신의 근거지를 지킬 수 있었다.

아버지와 식솔 40여 명을 단번에 잃은 조조는 복수심에 휘둘리지 않고 이성적으로 판단해 위기를 극복했다. 반대로, 유비는 감정에 치우쳐 동오의 세력이나 손권의 능력을 제대로 파악하지 못했다. 게다가 북쪽에서는 조비가 촉한 지역을 호시탐탐 노리고 있었다. 그런데도 유비는 정권을 안정시키고 인심을 수습

하는 일은 팽개치고 관우의 원수를 갚는 데만 혈안이 되었다. 그러니 실패는 당연한 결과였다.

누구나 감정에 휘둘릴 때가 있다. 오죽하면 감정을 다스리는 일을 세상에서 가장 어려운 일이라고 하겠는가? 하지만 감정을 조절하지 못하고 충동적으로 일을 처리한다면 좋지 않은 결과를 초래하고 말 것이다. 반대로, 매사에 충동적이지 않고 이성적으로 생각한다면 불필요한 피해를 방지하며, 앞으로 나아갈 길에 밝은 빛이 비출 것이다.

마음의 부평초를 제거하라

성공한 사람은 원대한 포부를 품고 언제나 최선을 다한다.
또한 인생의 무미건조한 시기에 고독을 견디고,
소란스러운 시기에 마음을 고요하게 다스린다.

사람은 스스로 과장하고 미화하려는 속성을 가지고 있으며,
흐트러지기 쉬운 존재다. 마음을 다잡고 자신을 극복하기란 매
우 어렵다. 성공한 사람은 원대한 포부를 품고 언제나 최선을 다
한다. 또한 인생의 무미건조한 시기에 고독을 견디고, 소란스러
운 시기에 마음을 고요하게 다스린다.

오래전, 미국에 석유 개발붐이 일었을 때 야망을 품은 한 청년이
석유 개발 지역으로 향했다.

처음 그가 맡은 업무는 석유를 안전하게 보관하기 위한 조치로,
석유통 덮개의 자동 용접이 완전하게 이루어지는지 확인하는 일

이었다. 석유통은 수송벨트를 통해 회전대로 이동되었고 용접제가 자동으로 분사되면서 덮개를 따라 한 바퀴 회전하면 공정이 끝난다. 청년의 주 업무는 그 과정이 잘 이루어지는지 모니터링하는 것이었다. 그는 아침부터 저녁까지 수백 개의 석유통을 보면서 시간을 보냈다.

시간이 흐르자 청년은 단순하고 따분한 일에 불만을 느꼈다. 그는 자신의 능력이 낭비되고 있다는 생각에 팀장에게 업무를 바꿔달라고 요청했다. 팀장은 냉랭한 말투로 말했다.

"자네 일이나 똑바로 하든지 아니면 다른 일을 찾아보게."

청년은 자리로 돌아와 냉정하게 생각해보았다.

'왜 나는 현재의 업무에서 내 능력을 최대한 발휘하지 못했을까? 일을 더 잘할 수도 있지 않을까?'

그는 마음을 가라앉히고 매일 반복되는 일이라도 최선을 다해야겠다고 다짐했다.

어느 날, 청년은 석유통 덮개를 용접할 때 39방울의 용접제 중한두 방울이 버려진다는 사실을 발견했다. 그는 기계에서 떨어지는 용접제의 양을 줄여 원가를 절감할 수 있을 거라 보고 구체적인 방법을 연구했다. 그리고 끈질긴 연구 끝에 '37방울형 용접기' 발명에 성공했다. 하지만 37방울로 용접을 하자 석유가 새는 문제가 나타났다. 그는 결함을 보완해 '38방울형 용접기'를 발명했다.

청년이 발명한 용접기로 말미암아 회사는 석유통 하나를 용접하는 데 한 방울의 용접제를 아낄 수 있었다. 한 번에 한 방울이었지만 하루에 수백 번 반복되는 공정이었기에 회사는 엄청난 원가 절감 효과를 보았다. 청년 덕분에 회사가 얻은 이윤은 매년 5억 달러나 되었다.

이 청년이 바로 미국의 석유왕 존 데이비슨 록펠러다.

모든 것이 빠르게 변하는 시대에 실력을 향상시키고 성장하기 위해서는 경솔한 마음을 없애고 이성적으로 생각할 줄 알아야 한다. 또한 주어진 일을 위해 전력투구해야 한다. 마음을 안정시키지 못하고 경솔하게 행동한다면 영원히 인생의 깊은 진리를 깨달을 수 없다.

승리는 가장 끈기 있는 자에게 돌아간다.

꽃을 피우기 위해 해야 할 일을 하라

인내심을 가지고 꾸준히 노력하면 성공의 길이 열릴 것이다.

성공에 필요한 요소는 아주 많지만 가장 중요한 것은 인내심이다. 인내심이란, 단순하고 따분하지만 의미 있는 일에 시간을 기꺼이 할애하는 것이다. 사람들은 힘든 상황에서도 인내심을 가지고 최선을 다하여 이룬 성과에 더 만족한다. 옛말에 '마음이 급하다고 뜨거운 두부를 먹을 수는 없다'고 했다. 이처럼 인내심은 성공을 이루기 위한 핵심 요소다.

한 땀 한 땀 꼼꼼히 바느질한 돛만이 우리를 안전하게 성공의 길로 인도할 것이며, 조급하고 경솔한 마음으로 만든 돛은 실패의 구렁텅이로 빠뜨릴 것이다. 뭐든 '빨리빨리' 하려는 마음에서 벗어나 하나씩 차근차근 노력을 쌓아갈 때 비로소 원하는 목표에 이를 수 있다.

중국을 대표하는 근대 화가 제백석은 서화와 전각에 조예가 깊었다. 이는 천부적인 재능을 타고났다기보다 각고의 노력과 연습으로 최고의 경지에 도달한 것이었다.

제백석은 젊었을 때 특히 전각을 좋아했다. 하지만 아직 만족할 수준에 이르지 못하여 늘 불만이었다. 그래서 그는 전각 장인을 직접 찾아가 겸손하게 가르침을 청했다. 그러자 장인이 말했다. "돌 한 무더기를 가지고 가서 글을 새긴 후에 문질러 지우고, 다시 새기기를 반복하게. 그 돌이 깎이고 깎여 흙이 될 때까지 연습하면 솜씨가 크게 늘 것이네."

제백석은 장인이 시킨 대로 쉬지 않고 연습했다. 돌이 작아져 흙이 되었을 때 그의 손은 피멍으로 가득했다. 그는 돌에 글을 새기고 문질러 지우는 연습을 몇 년이나 반복한 끝에 처음에 가져왔던 돌을 모두 흙으로 만들었다.

조급한 마음으로 뭐든 빨리빨리 처리하려는 사람은 결코 원하는 목표를 이룰 수 없다. 이것은 자연계 법칙에도 그대로 적용된다.

생물을 좋아하는 소년이 있었다. 그는 번데기가 어떻게 누에고치에서 나와 나비가 되는지 관찰하고 싶었다. 숲에서 누에고치를 발견한 소년은 집으로 가져와 관찰할 수 있었다.

며칠 뒤, 누에고치가 찢어지면서 안에 있던 나비가 밖으로 나오려고 사투를 벌이기 시작했다. 나비의 몸부림은 몇 시간이 지나도 끝날 줄 몰랐다. 나비는 누에고치 안에서 힘겹게 날개를 펄럭거리며 버둥거렸다.

그때 소년은 고통스러워하는 나비의 모습에 가위로 누에고치를 잘라 나비가 빠져나오도록 도와주었다. 하지만 누에고치를 벗어나는 동안 단련되는 과정을 거치지 못한 나비는 날개를 펄럭일 힘이 부족하여 날지 못했다. 그리고 얼마 후 허망한 죽음을 맞이했다.

누에고치를 찢고 나오는 과정은 고통스럽지만 꼭 거쳐야만 훨훨 날 수 있다. 외부의 도움은 오히려 부정적인 영향을 미쳐 나비를 죽음에 이르게 할 수 있다. 모든 일에는 순서가 있다. 자연의 법칙을 어긴다면 결국 돌이킬 수 없는 결과를 초래할 것이다. 서둘러 일을 처리하려는 사람들은 하루에 천 리를 가길 원하는 것과 마찬가지다. 하지만 그것은 불가능하다. 객관적 법칙을 무시하고 아무런 노력도 하지 않는다면 언젠가 큰 코를 다치고 말 것이다. 어떤 일을 하든 언제나 장기적인 안목으로 실력을 쌓고 끊임없이 노력해야 원하는 목표를 이룰 수 있다. 🐱

하고 싶은 말을 일단 내뱉고 보는 사람이 있다.
그들이 함부로 떠든 말은 약점이 되어 자신을 불리하게 만들기 마련이다.
'말이 많으면 반드시 실수를 한다'고 했다.
그러니 많이 듣고 많이 생각한 뒤에 말하는 습관이 필요하다.

조소에 미소로 답해라

약자는 조소로 깊은 상처를 입지만, 강자는 조소에 미소로 답한다.

미소는 순수한 표정으로, 어떠한 세속적인 때도 묻어 있지 않다. 조소는 비열한 언어로, 세속적이고 더러운 면을 가진다. 똑같은 웃음이지만 조소는 사람들에게 잔인한 상처를 남기고 미소는 그 상처를 치유해준다. 약자는 조소로 깊은 상처를 입지만, 강자는 조소에 미소로 답한다. 로맹 롤랑은 말했다.

"인생은 쉬지 않고 반복되는 무정한 전쟁터다. 인간으로 남기 위해서는 늘 보이지 않는 적과 싸워야 한다."

이때 미소는 가장 효과적인 무기가 된다.

조소는 치명적인 독과 같아서 사람을 타락시키고 앞날의 걸림돌이 되기도 하지만, 발전으로 이끄는 자극제가 되기도 한다. 앤드류 고든은 조소 속에서도 성공을 이룬 인물이다.

앤드류 고든은 우연한 기회에 호프집 테이블 다리 밑에 끼워진 냅킨에 호기심을 가지게 되었다. 자세히 보니, 테이블 다리가 지면과 잘 맞지 않아서 테이블이 흔들리는 것을 막기 위해 다리 밑에 냅킨을 끼워둔 것이었다.

앤드류 고든은 거기에서 아이디어를 착안해 테이블 다리의 길이를 조절하여 지면과 수평을 이루도록 해주는 장치를 개발했다. 그는 오트밀을 포장하는 종이 상자를 시작으로 재질과 두께를 달리하여 실험을 진행했다. 그리고 여러 번의 개량을 거쳐 '스테이테이블'을 발명했다. 8개의 플라스틱으로 구성된 이 장치는 테이블이 흔들릴 때마다 조절이 가능해 테이블 다리를 바닥에 안정적으로 고정시켜주었다. '스테이테이블'은 선반, 침대, 화분 받침대 등 다양한 가구에 활용할 수 있었다.

2005년, 앤드류 고든은 영국 BBC의 좋은 아이디어로 비즈니스 기회를 잡을 수 있도록 도와주는 프로그램에 나갔다. 그가 '스테이테이블'을 가지고 나가 설명하자 심사위원들은 웃음을 터뜨렸다. 프로그램 사회자는 '스테이테이블'을 황당한 개발품이라고 비웃었으며, 심지어 한 관계자는 그것을 가리켜 '세상에서 가장 웃긴 발명품'이라고 폄하했다.

하지만 사람들의 조소 속에서도 그는 당황하거나 화를 내지 않았다. 그는 예의를 지키며 심사 위원에게 말했다.

"감사합니다. 여러분의 의견은 잘 들었습니다. 제 발명품의 용도를 다시 생각해보도록 하지요."

앤드류 고든은 사람들의 평가와 상관없이 테이블과 캐비닛이 없는 곳은 없기 때문에 시장성은 충분하다고 판단했다. 그는 과감히 '스테이테이블'을 시장에 출시했다. 그리고 아무런 광고도 하지 않은 상태에서 단 한 달 만에 홈페이지는 수백만 건의 조회 수를 기록했다. 그야말로 폭발적인 인기를 끈 것이다.

시간이 흐를수록 앤드류의 고객은 증가했고 영국 왕실에서도 그의 발명품에 깊은 관심을 드러냈다. 영국 각종 기관에서 사들인 '스테이테이블'만 해도 20만 개에 달했다.

앤드류 고든은 단 하나의 발명품으로 '백만장자 발명왕'이라는 호칭을 얻었다.

앤드류 고든은 수많은 사람의 조소를 받는 상황에서도 자신을 믿고 끝까지 포기하지 않았다. 조소는 마음이 불안하거나 자기보다 잘난 사람에 대한 시기와 질투에서 나온다. 그런 사람들이 던지는 조소에 얼굴을 붉히며 화를 내거나 의기소침해할 필요는 없다. 태연하게 웃으며 대할 수 있는 지혜가 필요하다.

조소를 당한 뒤 지혜와 열정을 잃어버리고 평생 삶의 가치를 찾지 못한 채 살아가는 사람들이 있다. 하지만 내면에 확고한 의지와 끈기가 있는 사람들은 조소 속에서도 흔들리지 않으며, 미소로 응대할 수 있다. 그들은 마음의 비옥한 토지를 아름답게 가

꾸는 방법을 안다.

고대의 승려 한산이 승려 습득에게 물었다.

"세상이 나를 헐뜯고 기만하고 모욕하고 비웃고 업신여기고 괴롭힐 때는 어떻게 해야 합니까?"

습득이 대답했다.

"인내하고, 따르고, 양보하고, 피하고, 미소 짓고, 존중하고, 개의치 마십시오. 그리고 몇 년 뒤에 다시 만나십시오."

습득의 말처럼 치열하게 다투거나 소란스럽게 굴지 말고 모욕에는 존중으로, 조소에는 미소로 대응할 줄 알아야겠다.

인류는
세상을 다른 시각으로
보는 사람들에게
냉담할 수 있다.

자기 꾀에 넘어가지 마라

작은 지혜를 가진 사람은 자기 꾀에 넘어가지만,
큰 지혜를 가진 사람은 큰 목표를 이룬다.

세상에 똑같은 사람은 없으며, 저마다 인생철학과 사고방식을 가지고 살아간다. 똑똑해 보이는 사람이 있는가 하면 어딘가 모자라 보이는 사람도 있으며, 작은 지혜를 가진 사람도 있고 큰 지혜를 가진 사람도 있다.

큰 지혜를 가진 사람들은 자신의 지혜를 뽐내거나 과시하지 않는다. 하지만 작은 지혜를 가진 사람은 세상에서 자신이 가장 똑똑한 줄 알고 남들이 자신의 지혜를 못 알아볼까 봐 스스로 떠벌리고 으스댄다.

큰 지혜를 가진 사람은 이성적으로 행동한다. 하지만 작은 지혜를 가진 사람은 충동적이고 감정적으로 행동한다. 또한 사물을 깊이 탐구하지 않고 잘못된 판단을 내리기 일쑤다. 작은 지혜를 가진 사람은 겉으로는 똑똑해 보이고 스스로도 자부심이 대단하지만, 자기 꾀에 자기가 넘어가는 일이 많다. 때로는 스스로 죽을 길로 뛰어들기도 한다.

삼국 시대, 조조의 참모 양수도 작은 지혜를 가진 자였다.

양씨 가문은 한나라의 명문가로, 선조인 양희는 한고조 유방 때 재상을 지냈으며, 4대에 걸쳐 태위를 배출하였다.

화려한 업적을 남긴 선조들과 비교하면 양수의 재능도 손색이 없었다. 그는 머리 회전이 빠르고 총명하여 건안 연호에 효렴에 급제해 낭중과 승상까지 지냈다. 양수는 자신의 업적에 큰 자부심을 느꼈다. 《삼국지》는 그에 관해 이렇게 서술한다.

'양수는 스물다섯에 재능을 크게 떨쳐 태조에게 중용되었다.'

'양수는 나라 안팎의 일을 모두 잘 처리했다.'

이처럼 양수는 재능이 특출하고 능력이 뛰어나 조조의 신임을 받았으며, 스스로 자신을 자랑스러워했다.

조조에게 발탁된 양수는 조조의 정치적 · 군사적 활동에 함께 참여했다. 명문 귀족 출신의 양수는 지위가 높아지자 점차 자기과시욕이 늘었고, 결국 그 때문에 스스로 화를 자초하는 지경까지 이른다.

어느 날, 조조가 신하들에게 정원을 만들라고 명했다. 정원이 완성되자 조조는 한 바퀴 둘러보고는 문에 '활活' 자를 쓰고 돌아가

버렸다. 그것을 본 신하들은 조조의 뜻을 알지 못해 낑낑대다 양

수를 찾아가 물었다. 그랬더니 양수가 말했다.

"이는 정원이 너무 넓다는 뜻입니다."

양수의 말을 들은 신하들은 정원의 크기를 줄였다.

정원을 본 조조는 신하들에게 어떻게 그 뜻을 해석했느냐고 물

어보고 양수의 지시를 받았음을 알았다. 조조는 입으로는 양수

를 칭찬했으나 마음속으로는 그의 재능을 질투했다.

하루는, 조조가 양수와 말을 타고 조아의 비석을 지나가다가 비

석 뒷면에 '황견유부외손제구黃絹幼婦外孫虀臼'라고 새겨진 글귀를 보

고 그 뜻을 알고 있느냐고 물었다. 양수가 안다고 답하자 조조가

말했다.

"아직 뜻을 말하지 말거라. 나도 한번 생각해보겠다."

30리를 지난 뒤에 조조가 말했다.

"나는 저 글귀의 뜻을 알아냈노라. 네가 아는 뜻을 말하면 내가

맞는지 맞춰보겠다."

양수가 대답했다.

"황견黃絹은 색깔이 있는 실이므로 '사糸'에 '색色'이 더해져 '절絕'이

되고, 유부幼婦는 어린 여자를 뜻하니 '여女'에 '소少'가 더해져 '묘妙'

가 됩니다. 그리고 외손外孫은 여자의 아들이므로 '여女'에 '자子'가

더해져 '호好'가 되고, 제구虀臼는 매운 것을 찧는 절구이므로 '설舌'

에 '신辛'이 더해져 '사辭'가 됩니다. 이것을 다 합치면 '절묘호사絕妙

好辭', 즉 '최고로 좋은 글'이라는 뜻으로 비석에 쓰인 문장을 칭찬

하고 있습니다."

조조는 탄식하며 말했다.

"과연 재능을 타고났구나!"

한편 '계륵'에 관한 일화는 양수를 죽음으로 이끈 도화선이 되었다. 조조가 한중에서 유비와 격전을 벌일 때 그는 계속 전투를 해야 할지 퇴각해야 할지 고민에 빠졌다. 그때 부하가 조조에게 닭을 삶아 바쳤는데 계륵을 본 조조는 말없이 깊은 생각에 빠졌다. 그리고 막사로 들어온 신하에게 암호를 묻자 이렇게 답했다.

"계륵이로다!"

양수는 '계륵'이라는 단어를 듣자마자 군사들을 소집해 철수할 준비를 하라고 했다. 장수들이 퇴각 명령이 없는데 왜 철수 준비를 하냐고 묻자 양수가 말했다.

"오늘 밤 암호를 듣고 승상의 마음을 읽었네. 계륵이란 먹기는 싫고 양보하기엔 아깝다는 의미지. 반드시 며칠 내로 퇴각 명령이 떨어질 것이니 미리 준비를 해두는 것이 좋지 않겠는가?"

조조는 퇴각 명령을 내리지 않았는데도 군사들이 양수의 말만 듣고 짐을 싸는 모습을 보고 분노했다. 그리하여 양수에게 군심을 동요했다는 죄목을 물어 참수했다.

양수가 큰 지혜를 가진 자였다면 조조가 퇴각 명령을 내릴 것임을 눈치챘더라도 입을 열지 않았을 것이다. 또한 조조를 오랫동안 보필한 참모로서 조조가 의심이 많고 잔인한 성격임을 파악하여 미리 대비했을 것이다. 하지만 양수는 조조가 '작은 일'로 자신의 목을 벨 수 있다고 생각하지 못했다. 그는 자신의 재능을 뽐내느라 조조를 폄훼하다가 목숨을 잃었다. 그야말로 '잘난 척하다가 제 꾀에 넘어간' 꼴이다.

물론 작은 지혜를 가진 자의 총명함과 다재다능함을 좋아하는 사람도 있다. 그리고 누구나 많건 적건 간에 스스로 잘났다고 생각하며 살아간다. 하지만 작은 지혜를 가지고 계속 허세를 부리는 사람은 속이 훤히 들여다보일 뿐 아니라 시간이 지날수록 바닥을 드러내기 마련이다. 이는 상처를 입히고 자기 자신까지 해롭게 만들 수 있다. 🐾

최대한 말을 아껴라

70퍼센트만 보여주고 30퍼센트는 아껴두어라.

'매사에 여유를 남겨라. 말을 다 쏟아내지 말고, 힘을 전부 사용하지 말며, 복을 모두 누리지 말라'는 말이 있다. 모든 일에 여유를 남겨둠으로써 신중하게 처신하며 스스로 경계하고 반성하라는 의미다.

옛 성현들은 일찍이 이런 이치를 깨달았다. 남송의 《사류명》에도 이런 말이 있다.

'여유를 남겼다가 조물주에게 돌려주어라.'

명나라의 문학가이자 정치가였던 고경일도 일찍이 이런 말을 남겼다.

'늘 남들에게 양보하고 거리를 두어라.'

이러한 글귀는 전부 여유를 가질 것을 강조한다.

모든 일은 상호작용하며 영향을 미치기 마련이다. 활은 세게 당기면 부러지고, 물은 가득하면 흘러넘친다. 하지만 강물이 굽이쳐 흘러가게 하면 홍수를 막을 수 있고, 상·하류의 높이를 달리하면 물이 흘러넘치지 않는다.

복잡하고 다양한 세상에서는 권위 있는 자들의 말이나 생각에 휘둘려서 자신만 옳다고 자만해서는 안 된다. 겉으로는 아무리 완벽해 보이는 말이라도 생각할 여지를 줄 말이 가치가 있다. 그렇지 않은 말들은 한낱 웃음거리로 전락하거나 스스로를 곤경에 빠뜨릴 수도 있다.

18세기 후반, 프랑스 작은 마을에 거대한 돌이 떨어졌다. 굉음에 사람들은 깜짝 놀라 모두 밖으로 뛰쳐나왔다. 거대한 돌은 교회 옆에 있던 집에 커다란 구멍을 뚫어놓았다. 평온한 마을을 순식간에 쑥대밭으로 만든 돌의 정체를 아는 사람은 아무도 없었다. 그때 천문학에 밝은 사람은 그 돌이 하늘에서 떨어졌을 가능성이 높다고 말했다.

사람들은 돌이 도망가지 못하도록 돌에 구멍을 뚫고 쇠사슬로 묶은 뒤 교회 기둥에 단단히 매어놓았다. 그리고 마을 회의를 거쳐 국립 과학원에 편지를 써서 거대한 돌의 정체를 연구해달라고 요청했다.

국립과학원의 연구원들은 황당한 편지를 읽고 폭소를 터뜨렸고,

일부는 눈물을 흘리며 박장대소했다. 한 과학자가 말했다.

"마을 사람들 허풍이 대단하군요. 하늘에서 거대한 돌이 떨어졌다니요. 며칠 뒤에는 하늘에서 오 톤의 우유 비가 내린다고 할 사람들이에요."

결국 과학원에서는 그 편지의 내용이 거짓이라고 판단했다.

훗날, 성실하고 신중한 과학자 하나가 그 편지에 관심을 갖고 마을로 내려가 현지 조사를 진행했다. 그리고 마을에 떨어진 거대한 돌이 우주에서 온 운석 조각임을 확인했다.

마을 사람들과 그들을 비웃던 과학자들 중에서 누가 더 우매할까? 역사가 답을 알려주고 있다. 스스로 여지를 남기지 않는 사람은 남들을 비웃은 뒤에 자신의 식견이 짧았음이 밝혀졌을 때, 남의 뺨을 때린 것도 모자라 자신의 뺨까지 때린 결과를 받아들여야 할 것이다.

모든 사물을 하나의 방향으로 끝까지 밀고 나가지 말고 그 과정에서 냉정하게 발전 가능성을 판단하고 융통성 있게 변화를 지켜보는 자세가 필요하다. 그러기 위해서는 충분한 여유를 남겨두는 것이 좋다. 말을 할 때도 여유가 필요하다. 세상일들은 예측할 수 없는 방향으로 발전하며 그 이유를 찾지 못할 때도 많다. 따라서 어떤 일이든 속단할 수 없으며 말을 지나치게 많이 하는 것도 좋지 않다. 나중에 한숨 돌릴 수 있도록 다른 가능성을 열어두어야 한다.

미국의 프랭클린 루스벨트 대통령은 다음과 같이 말했다.

"저는 제 언행을 주의해야겠다는 생각이 들면 종이에 주의해야 할 언행을 목록으로 만들었습니다. 언젠가 한 친구가 제게 너무 거만하다고 하더군요. 제 말투에 거만함이 묻어나서 상대방을 멸시하는 인상을 준다고 충고했습니다. 그래서 즉시 그 부분을 고치려고 노력했죠. 그러지 않으면 제 앞날에 걸림돌이 될 게 뻔했으니까요. 목록에 '겸손하라'는 항목도 포함시켰습니다. 직설적으로 상대방의 감정을 상하게 하는 말을 하지 않으려고 노력했어요. 특히 '당연히', '반드시'와 같은 단정적인 단어보다는 '아마도', '내 생각에는'과 같은 단어로 바꿔 썼습니다. 말은 한 사람의 성공과 실패를 결정하는 중요한 요소입니다. 거칠게 말을 뱉거나 말을 할 때 상대방에게 여유를 주지 않는다면 상대방의 공감과 협력, 도움, 좋은 평가는 결코 얻지 못할 것입니다."

세상에는 예측할 수 없는 일이 많은데, 평소에 여유를 남겨두면 그런 뜻밖의 상황을 잘 받아들일 수 있다. 잔에 여유가 있으면 다른 것을 넣어도 흘러넘치지 않는 것처럼 말에도 여유가 있으면 뜻밖의 상황에서 융통성 있게 처신할 수 있다.

말에 여유가 있으면 물러서고 나아갈 때를 이해할 수 있다. 전쟁터에서 나아가면 공격하고 물러서면 방어하는 것과 같다. 이렇게 하면 백전백승을 장담하진 못해도 최소한 처참하게 패배할 일은 없을 것이다. 🐇

모든 사물을 하나의 방향으로 끝까지 밀고 나가지 말고
그 과정에서 냉정하게 발전 가능성을 판단하고
융통성 있게 변화를 지켜보는 자세가 필요하다.

말에도 적절한 때가 있다

말솜씨는 말 잘하는 능력이 아니라 생각을 잘하는 능력이다.

'세 번 생각하고 말하라'는 속담은 이미 만고의 진리가 되었다. 잠깐의 경솔한 행동으로 돌이킬 수 없는 결과를 초래해서는 안 된다. 인간관계에서도 말을 할 때는 깊이 생각한 뒤에 뱉어야 한 다. 생각 없이 뱉은 말은 애초에 의도했던 내용을 전달하지 못하 고 오해를 불러일으켜 상대방에게 좋지 않은 인상을 남기게 된 다. 또는 결코 치유할 수 없는 상처를 주기도 한다. 인간관계에 서는 많이 생각하고 말할수록 둘 사이의 대화를 부드럽게 해줄 것이다.

미국의 화가 앤디 워홀은 친구에게 이렇게 말했다.

"나는 입을 닫는 법을 배운 뒤부터 더 많은 명성과 힘을 얻었다네."

일반적으로 혈기가 왕성한 시기에는 '세 번 생각'해야 비로소 일시적인 충동에 휩싸이지 않고 위험하거나 멍청한 말을 내뱉는 횟수를 줄일 수 있다.

'화는 입에서 나온다'는 속담이 있다. 말을 신중히 하지 않고 함부로 지껄이거나 잘난 척하면 많은 걸 잃게 될 것이다. 말을 잘하면 작게는 사람들을 즐겁게 해줄 것이고, 크게는 나라를 일으킬 것이다. 반대로 말을 잘 못하면 작게는 사람들의 원망을 살 것이고, 크게는 일을 그르칠 것이다. 예부터 '말 한 마디에 나라를 구하고, 말 한 마디에 나라를 잃는다'고 했다.

상황에 맞는 좋은 말은 인생의 경험을 많이 쌓은 사람만이 할 수 있다. 가장 중요한 것은, 말을 하기 전에 3분만 더 생각해보는 자세다. 어떤 생각이나 인식을 머릿속에 넣고 차분하고 이성적으로 분석해보는 것이다. 그리고 말하는 상대와 장소, 시간을 고려하여 말할 때 비로소 가장 적절한 말을 뱉을 수 있다.

부드러움으로 대응하라

소리 없이 서서히 스며드는 부드러움이 폭풍보다 강하다.

'명분이 정당하면 강하게' 행동해야 한다고 생각하는 사람들이 있다. 그들은 작은 충돌만 생겨도 때와 장소를 가리지 않고 들고 일어서며 누구에게도 양보하지 않는다. 또는 목청을 높이고 투우처럼 거칠게 덤벼든다.

사람들 사이에 다툼이 일어나는 이유는 각자 자기주장을 굽히지 않기 때문이다. 어느 한쪽에서 '예의'를 갖춰 양보한다면 충돌은 자연스럽게 사라질 것이다. 목소리를 높인다고 이치가 맞는 것은 아니다. 사람들은 무의식적으로 목소리가 크고 기세가 강할수록 자신의 말에 이치가 선다고 착각한다. 하지만 심리학자들은 '무언의 언어'가 소리의 언어보다 더 힘이 세다고 말한다. 심리학자들은 '사람과 사람 간의 정보 전달 = 언어 7% + 말투 38% + 표정 55%'라는 공식을 발표하기도 했다.

이 공식은 '무언의 언어'인 말투와 표정이 언어보다 더 많은 의미를 전달한다는 사실을 보여준다. 따라서 진정한 대화는 말투와 표정, 제스처 등 '무언의 언어'를 잘 활용할 수 있어야 한다.

수업 시간에 선생님이 물었다.

"알코올로 소독할 때 농도는 어느 정도로 해야 좋을까?"

학생들은 생각해보지도 않고 이구동성으로 대답했다.

"당연히 진할수록 좋죠!"

"틀렸다."

학생들이 의아한 표정을 짓자 선생님이 설명했다.

"고농도의 알코올은 단시간 안에 세균의 외벽을 응고시켜서 '천연 장막'을 만들어버린단다. 그러면 알코올을 뿌려도 흡수되지 않고, 세균은 여전히 제거되지 않는 거지. 가장 효과적인 것은 알코올의 농도를 연하게 만들어서 서서히 스며들도록 하는 거야."

때로는 소리 없이 서서히 스며드는 부드러움이 폭풍보다 강하다. 부드러움은 연약하거나 원칙이 없는 게 아니라 더 높은 경지의 품격이다. 또한 부드러움은 무조건적인 양보가 아니라 낙숫물이 댓돌을 뚫는 강인함을 상징한다.

거친 논쟁은 나의 생각과 의견에 대한 상대방의 반감을 고조

시킨다. 이때는 충실한 논거만이 이해를 구할 유일한 방법이다. 말에 일리가 있으면 상대방도 자연스럽게 객관적인 이치를 받아들인다. 이것이 목소리를 높이는 것보다 훨씬 효과적이다.

상대방을 잘 설득하는 사람들은 절대 큰 소리를 내지 않는다. 그들은 우선 상대방의 이야기에 귀를 기울인다. 이러한 자세는 무의식중에 상대방을 존중한다는 신호를 전달한다. 그런 뒤에는 자신의 의견과 감정을 충분히 표현한다. 이렇게 이치에 맞는 말에 '예의'까지 더하면 더욱 효과적인 결과를 기대할 수 있다.

하지만 서로 입장이 다르고 이해관계가 상충하는 사람들 사이에서 이치에 맞게 말하는 동시에 목소리를 높이지 않기란 상당히 어렵다. 목소리가 높아졌을 때는 이미 화가 많이 난 상태다. 심리학적 관점에서 분노는 일종의 감정 파동으로 초조함과 불안을 동반한다. 또한 맥박 상승과 혈압 증가와 같은 생리적인 변화도 일으킨다. 분노는 사람의 정상적이고 건강한 감정이긴 하지만 잘 통제되지 않으면 다른 사람에게 피해를 입히거나 돌이킬 수 없는 상황을 초래할 수도 있다.

따라서 '목소리를 높인다고 이치가 서는 것은 아니다'는 말처럼 대화할 때는 사실에 근거한 주장을 펼치고, 오해한 부분에 관해서는 말투를 잘 조절하여 상대방이 충분히 이해하고 받아들일 수 있도록 해야 한다. 🐈

인생은 겸손에 대한 오랜 수업이다.

옛말에 '세 번 생각하고 행동하라'고 했다.
실행 전 침착하게 일의 전후 사정을 살펴본 뒤에
계획을 세우고 필요한 조치를 취해야
원하는 목적을 달성할 수 있다.
성공에는 지름길이 없다.
유일한 방법은 고요하게 마음을 다스리고
기회를 틈타 순조롭게 목적지에 이르는 것이다.

논리만 내세우지 말고
행동으로 옮겨라

군자의 말은 어눌하나 행동은 재빠르다.
행동하는 거인이야말로 사람들의 존경을 받는다.

직장에서든 가정에서든 '언어의 거인'과 '행동의 난쟁이'가 있다. 이들은 화려한 언변으로 주목을 받지만 행동이 필요한 순간에는 안색을 바꾸고 모른 척한다. 온종일 들떠서 경솔하고 허풍을 잘 떠는 사람은 영원히 사람들의 주목을 받을 수 없다. 그들은 말이 많고 행동은 적으며, 기회가 찾아와도 탄식만 할 뿐, 좋은 결과를 얻지 못한다.

촉나라의 제갈량은 처음 치산에 왔을 때 병사를 보내 군사 요충지인 가정을 점령하고 군대의 주둔지로 삼고자 했다. 하지만 제갈량은 가정에 누구를 파견할지 쉽게 결정하지 못했다. 당시 촉군에는 백전노장 여럿이 있었는데 참군 마속이 임무를 자진했다. 제갈량은 유비가 죽기 전에 당부한 말을 떠올렸다.

"마속은 과장하여 말하는 버릇이 있으니 중요한 임무를 맡기지 마시오."

마속은 계속 제갈량을 위해 일했으나 실제로 전투를 치른 경험이 없어서 큰 명성은 얻지 못했다. 하지만 마속은 어려서부터 병서를 공부하며 늘 실전에 대비했다는 것을 근거로 제갈량에게 읍소하며 청했고, 마침내 선봉이 되어 가정으로 향했다.

마속과 부장 왕평이 대군을 이끌고 가정에 도착하니 위나라 장군 장합도 동쪽에서 모습을 드러냈다. 마속은 지형을 살피더니 왕평에게 말했다.

"이 일대는 지형이 험하니 산에 주둔하며 매복하는 게 좋겠네."

왕평이 말했다.

"승상께서는 성에서 물을 등지고 주둔하라고 당부했습니다. 산으로 올라가면 너무 위험합니다."

마속은 전투 경험은 없지만 병서에 나온 내용을 들며 주장을 굽히지 않았다. 왕평이 물었다.

"위나라 군대가 사방을 포위하면 어떻게 하시겠습니까?"

마속이 득의양양한 표정으로 대답했다.

"병서에 이르길, 높은 곳에서 아래를 굽어볼 수 있으면 파죽지세로 공격할 수 있다고 하였다."

"하지만 위나라 군대가 우리의 식수를 끊으면 싸워보지도 못하고 자멸할 수 있습니다."

"손자가 말하길, 사지에 놓여야 살 수 있다고 하였다."

마속은 끝내 왕평의 말을 듣지 않았다. 왕평은 더 이상 말해봤자 소용없다고 판단하여 마속에게 군사 5천을 달라고 한 뒤 산 아래로 내려가 주둔했다.

위나라의 장합은 마속이 성을 버리고 산으로 올라간 것을 알고 속으로 쾌재를 불렀다. 그는 즉시 산 아래 보루를 구축하고 사방을 포위했다.

마속은 병력을 산 아래로 파견해 공격했지만 장합은 공격에 응하지 않고 방어만 했다. 시간이 흐르자 식수가 끊긴 촉군은 끼니를 해결할 수 없게 되었고, 병사들은 점점 동요하기 시작했다.

장합은 마속이 지칠 때까지 기다렸다가 공격을 감행하니 촉군은 속수무책으로 당할 수밖에 없었다. 결국 마속의 군사들은 뿔뿔이 흩어져 도망갔다.

마속은 '병서'와 '손자'는 알았어도 지리에 따라 다르게 대처해야 한다는 사실은 몰랐다. 또한 실전 경험이 없었기에 자신의 지식이 '탁상공론'에 불과함을 몰랐고, 결국 전투에서 패했다.

현실과 동떨어져 이상에만 사로잡힌 사람은 부질없이 바쁘기만 할 뿐 아무런 성과도 얻지 못할 때가 많다. 이상은 아름답지만 실제와 부합하지 않는다. 그것을 현실로 만들기 위해서는 피나는 노력이 필요하다. 이상은 실현될 수 있을 때 비로소 그 가치가 구현된다. 환상은 그저 아름다운 꿈에 불과하며, 그 꿈이 완벽하고 화려할수록 현실과는 멀어져간다.

전국 시대, 조나라 명장 조사의 아들 조괄은 어려서부터 병서 읽기를 즐겼고 군사 작전을 짜며 놀기를 좋아했다. 스스로 잘났다고 생각한 그는 아버지조차 자신보다 한 수 아래라고 여겼다.

장평 전투가 시작되었을 때, 조왕은 신하들의 의견에 따라 조괄을 불러 진나라와 싸워 이기려면 어떻게 해야 하는지 물었다. 조괄이 대답했다.

"진나라가 백기를 보내면 그에 마땅한 병법을 생각해봐야 합니다. 현재 왕포는 염파의 적수가 되지 못하니 저를 대신 임명해주신다면 반드시 목숨 줄을 끊어놓겠습니다."

조왕은 조괄의 대답에 흡족해하며 염파 대신 그를 대장으로 임명했다. 소식을 들은 인상여가 왕에게 말했다.

"조괄은 병서를 약간 읽었을 뿐 실전 경험이 없습니다. 그를 대장으로 임명해서는 안 되옵니다."

조괄의 어머니도 조왕에게 상소를 올려 아들을 대장으로 임명하지 말아달라고 청했다. 조왕은 그녀를 불러 이유를 물었다. 조괄의 어머니가 말했다.

"남편이 임종할 때 몇 번이나 제게 당부했습니다. 조괄은 용병술을 놀이로 생각하여 사람 목숨을 가볍게 여기니 나중에 그가 대장이 된다면 조나라 군사가 참패할 게 분명하다고 했습니다. 그러니 조괄을 절대 대장으로 임명하지 말아주십시오."

조왕이 그녀의 말을 웃으며 넘기려 하자 조괄의 어머니가 물었다.

"조괄이 군사를 잃더라도 제 가문이 연좌제로 화를 입지 않도록
해주시겠습니까?"

조왕은 흔쾌히 그러겠노라 대답하고 조괄을 대장으로 임명했다.

조괄은 40만 군사를 이끌게 되자 기세등등했다. 그는 염파의 전
법을 모두 변경한 뒤 명령했다.

"진나라가 다시 공격한다면 분명히 정면에서 올 것이다. 적군을
피해 달아나는 자가 있으면 내가 쫓아가 목을 벨 것이다."

진나라 장군 범수는 염파 대신 조괄이 왔다는 소식을 듣고 은밀
히 백기를 파견해 진나라 군대를 지휘하도록 했다. 백기는 장평
에 도착해 매복한 뒤, 조괄에게 일부러 져주는 척하며 그들을 유
인했다. 조괄은 함정에 빠진 줄도 모르고 열심히 그들을 쫓았다.
조괄이 진나라 군사 2만 5천이 매복된 지역까지 이르자 백기는
퇴로를 차단했다. 그리고 기마병 5천을 보내어 조나라 군사 40만
을 공격했다.

조괄은 그제야 계략을 눈치채고 보루를 쌓았지만 식량과 보급품
이 바닥나 병사들은 기아의 고통에 시달렸다. 조괄은 병사를 이
끌고 포위망을 뚫어보려 했지만 대량의 화살을 맞고 전사했다.
조나라 군대에 대장이 죽었다는 소문이 돌자 병사들은 무기를
내려놓고 투항했다. 결국 책상에서 이론 공부만 하던 조괄로 말
미암아 조나라의 40만 군사가 전멸하고 말았다.

조괄은 병서를 많이 읽었기에 실전에서도 모든 전투를 승리로 이끌 것이라고 자부했지만 결과는 처참한 패배뿐이었다. 공자는 제자를 가르칠 때 "군자의 말은 어눌하나 행동은 재빠르다. 행동하는 거인이야말로 사람들의 존경을 받는다"고 했다. 군자는 신중하게 말하고 민첩하게 행동해야 한다는 뜻이다. 공자는 빈말을 줄이고 먼저 행동할 것을 강조했다. 따라서 목표를 세웠다면 목표를 실현하기 위해 최선을 다해야 한다. 이상적인 계획을 이루고자 한다면 영원히 불가능하며, 현재 가지고 있는 것까지 모두 잃을 수 있다.

목표를 실현하려면 행동력이 무엇보다 중요하다. 행동력은 목표를 위해 실제로 행동하는 힘을 뜻한다. 행동력은 이상과 꿈을 실현하는 데 가장 중요한 요소이지만 말을 행동으로 옮기기란 생각만큼 쉬운 게 아니다. 0에서 1까지의 거리가 1에서 100까지의 거리보다 훨씬 큰 것과 같다. 사람들이 실패하는 이유도 바로 행동력이 부족하기 때문이다.

언제나 해야 할 일보다 더 많이 하는 사람은 좋은 결과를 얻는다. 그것이 바로 성공한 사람과 평생 남의 말에 복종하며 사는 사람 간의 차이다. 목표를 정했다면 신념을 가지고 즉시 행동으로 옮겨야 한다. 미루거나 주저하지 말며, 말을 늘어놓지도 말고 직접 행동하는 사람만이 원하는 목표에 가까이 다가갈 수 있다. 🌹

가장 큰 위험은 위험 없는 삶이다.

매일 작은 노력을 쌓아라

매일의 작은 노력이 쌓여 큰 차이를 가져온다.

성공은 무수한 노력의 결과다. 빌 게이츠는 이렇게 말했다.

"당신은 성공을 삶의 일부로 만들고, 어제의 이상을 오늘의 현실로 바꿀 수 있습니다. 하지만 앉아서 기도하는 것만으로는 부족합니다. 그러기 위해서는 더 많이 노력해야 합니다."

일반적으로 성공한 사람들은 남들보다 더 많이 참고 더 많이 일하며 더 많이 노력한다. 그들은 수동적으로 기회가 주어지길 기다리지 않고 능동적으로 찾아 나선다. 또한 가만히 앉아서 정해진 상황에 순응하지 않고 적극적으로 탐구하고 개혁하려 노력하며 더 큰 가치를 찾으려고 애쓴다. 그런 과정에서 경험을 쌓아 성공의 원동력으로 삼는다.

유명한 투자 전문가 존 템플턴은 오랜 관찰과 연구를 통해 '1온스 법칙'을 발견했다. 존은 우수한 성과를 내는 사람은 보통의 사람보다 더 많이 일하며, 두 사람이 기울이는 노력의 차이는 '1온스'밖에 나지 않는다고 했다. 그 작은 차이가 큰 변화를 가져오는 것이다.

자신의 일을 위해 매일 '1온스'의 노력을 더 한다면 반드시 좋은 성과를 얻을 것이다. 남들보다 더 많이 노력하는 사람이 성공에 더 가까이 다가설 수 있다.

1928년, 영국 세균학자 알렉산더 플레밍은 배양접시를 관찰하던 중 포도상 구균에 곰팡이가 자란 것을 발견했다. 이것은 세균 실험 중에 배양접시가 오염되어 흔히 발생하는 일이었다. 그래서 플레밍도 곰팡이에 개의치 않고 배양접시를 씻어서 다시 실험을 진행하려 했다.

그때 플레밍은 곰팡이 주변에 흰 반점을 발견하고 현미경으로 살펴보았다. 자세히 보니 그 흰 반점이 포도상 구균을 죽이고 있었다. 거기에 의문을 가진 플레밍은 곰팡이를 계속 배양해보기로 했다. 그 결과 곰팡이가 포도상 구균과 연쇄상 구균, 디프테리아균 등이 자라지 못하게 억제하는 것으로 밝혀졌다. 플레밍은 그 곰팡이를 '페니실린'이라고 불렀다.

당시 사람들은 적절하지 않은 약물 치료로 말미암아 자주 세균에 감염되었는데, 페니실린은 각종 세균을 죽이고 염증을 치료하는 데 사용되었다. 지금까지도 페니실린은 다양한 분야에서 널리 사용되고 있다. 플레밍은 우연한 순간을 포착하여 남들보다 '1온스'의 노력을 더 기울인 결과 위대한 발견을 할 수 있었다.

많은 이가 성공한 사람들은 천부적인 재능을 가진 '천재'나 '신동'이라고 생각한다. 그들이 비범한 업적을 달성할 수 있는 이유도 '선천적인 재능'이나 '천재 유전자'를 가지고 있기 때문이라고 여긴다. 하지만 천재도 98퍼센트의 노력으로 만들어지는 것이다. 심리학자 엔더스 엘리슨과 동료들은 '1만 시간의 연습' 실험으로 이러한 사실을 입증했다.

1990년대 초, 엔더스 엘리슨과 동료 두 명은 베를린 음악학교에서 '1만 시간의 연습' 실험을 진행했다. 교수의 지원하에 그들은 바이올린 전공자를 세 팀으로 나누었다. A팀은 세계적인 연주자가 될 가능성이 있는 학생으로 구성되었고, B팀은 '우수'한 평가를 받은 학생으로 구성되었다. 그리고 C팀은 프로 연주자가 될 가능성이 없는 학생들이었는데, 그들의 목표는 공립 음악학교에서 교수가 되는 것이었다. 각 팀의 학생은 똑같은 질문을 받았다. "처음 바이올린을 배우고 지금까지 몇 시간이나 연습했나요?" 세 팀의 학생은 거의 5세 전후로 바이올린을 배웠다. 최초 몇 년간의 연습 시간은 매주 두세 시간으로 세 팀이 비슷했다. 하지만 8세부터 차이가 나기 시작했다. 세계적인 연주자로 성장할 A팀

학생은 남들보다 더 많은 시간을 연습에 투자했다. 9세 때까지 매주 6시간, 12세 때까지 매주 8시간, 14세 때까지 매주 16시간을 연습했다. 그리고 20세에 이르러서는 매주 30시간 이상 연습했는데, 이 정도면 종일 바이올린만 했다고 해도 과언이 아니다. A팀은 20세 때 이미 1만 시간 이상을 바이올린 연습에 쏟아부었다. A팀에 비해 '우수'한 평가를 받은 B팀 학생은 20세까지 총 8,000시간을 연습에 투자했고, C팀은 총 4,000시간을 연습에 투자했다.

다음으로 엘리슨과 동료는 아마추어 피아니스트와 프로 피아니스트를 비교해보았다. 어린 시절 아마추어 피아니스트는 매주 3시간 미만, 20세까지 총 2,000시간을 피아노 연습에 투자했다. 이에 비해, 프로 피아니스트는 매년 연습 시간이 꾸준히 증가했으며, 20세까지 총 1만 시간을 피아노 연습에 투자했다.

실험 결과, 엘리슨은 뛰어난 바이올린 전공자나 프로 피아니스트가 '천부적인 재능'을 가지고 있지 않다는 사실에 놀랐다. 뛰어난 연주자와 평범한 연주자의 차이는 연습과 노력에서 비롯되었다. 위대한 연주자는 남들보다 훨씬 더 많이 연습하고 노력하는 사람일 뿐이었다.

위와 같은 예는 많다. 천재는 아니었지만 볼프강 모차르트나 그룹 비틀즈도 1만 시간의 연습을 통해 위대한 업적을 남겼다. 1960년부터 1962년 말까지 비틀즈는 함부르크에 다섯 번이나 방문했다. 그 1년 6개월 동안 비틀즈는 총 270회나 공연을 펼쳤다. 1964년 공식으로 데뷔하기 전까지 그들은 약 12,000시간이나 연주를 했다. 공연 12,000시간이라는 놀라운 숫자는 뮤지션들에게 아직까지도 깨지지 않는 기록으로 남아 있다.

'더 많이 노력하는 사람이 성공한다'는 사실을 받아들여야 한다. 그렇다면 치열한 경쟁 사회에서는 어떻게 하는 것이 좋을까? 매일 조금씩 더 노력하면 된다. 전력을 다해 '본분'을 다하는 동시에 추가적인 노력을 조금 더 하면 된다. 이때 적극적인 자세를 취하면 더 민첩하고 더 주동적인 사람이 될 수 있다. 평범한 직원에 그치지 말고 매일 조금씩 더 노력한다면 상사와 바이어, 고객을 비롯해 주변의 모든 사람의 신뢰를 얻고, 나아가 더 많은 기회를 잡을 것이다.

매일 조금씩 남들보다 더 노력하는 태도는 사람들에게 성실성을 확인시켜주고, 기술과 능력을 쌓음으로써 생존력을 증가시켜줄 것이다. 어떤 일을 하든 매일 노력하는 사람에게 더 많은 기회가 돌아가기 때문이다. 매일 적극적으로 하나씩만 더 하려고 노력한다면 생각보다 더 많은 성과를 얻을 것이다. 🐈

'더 많이 노력하는 사람이 성공한다'는 사실을
받아들여야 한다.

점을 연결해 곡선을 만들어라

목표는 블록이고, 큰 목표는 작은 블록을 하나씩 모아 쌓아 올린 것과 같다.
큰 목표는 작은 블록을 나누는 데부터 시작된다.

목표 달성에 관해 나폴레온 힐은 말했다.

"서두르면 오히려 목적을 달성하지 못한다."

그는 한 번에 멀리 가는 것보다 한 걸음씩 단계적으로 가는 것이 더 중요하다고 강조했다.

작은 목표를 설정하면 비교적 쉽게 달성할 수 있다. 그러면 큰 스트레스를 받지 않고도 충분히 감당할 만하다. 목표를 편하게 느끼면 하고 싶은 일이나 바꾸고 싶은 일들을 발견하게 될 것이다. 원대한 꿈이 생기면 우선 달성 가능한 매일의 목표를 설정한 뒤 그것을 달성함으로써 조금씩 꿈에 다가설 수 있다. 그렇게 작은 목표를 이루고 나면 큰 목표로 나아갈 원동력이 생긴다.

73세의 한 노인은 샌프란시스코에서 플로리다 주 마이애미까지 걸어서 갔다. 노인은 마이애미까지 오는 동안 힘든 역경을 수없이 극복했다.

노인을 인터뷰하러 온 한 기자가 물었다.

"이렇게 먼 거리를 걸어서 간다는 건 저 같은 젊은 사람들에게도 도전하기 어려운 일입니다. 사실 이것은 기적에 가깝죠. 어떻게 긴 도보 여행을 무사히 마칠 수 있었는지 말씀해주시겠습니까?"

"한 걸음씩 가면 어렵지 않아요. 저는 그렇게 했어요. 우선 한 걸음을 내딛고 이어서 또 한 걸음을 내딛는 거예요. 그리고 또다시 한 걸음을 내딛기를 반복하다 보니 여기까지 왔네요."

그렇다. 노인의 말처럼 어떤 일이든 첫 번째 걸음을 내디딘 뒤에 다음 걸음을 내딛다 보면 점점 목적지에 가까워질 것이다. 작은 점들이 모여 선이 되는 것과 같은 이치다. 결국 최종 목적지도 무수히 많은 작은 점에 불과하다. 수만 개의 작은 점이 바로 작은 목표다.

큰 목표는 매력적이지만 그만큼 쉽게 얻어지지 않는다. 중요한 것은 멀리 있는 흐릿한 목표가 아닌, 눈에 잘 보이는 목표이고, 그것에 집중하는 것이다.

1984년, 도쿄 국제 마라톤 대회에서 무명의 일본 선수 야마다 혼이치는 우승을 차지하여 대이변을 일으켰다. 기자가 우승 비결을 묻자 그는 한마디로 "지혜가 저를 도왔습니다"라고 답했다. 그러자 사람들은 혼이치가 자신을 신비화한다며 야유를 퍼부었다. 마라톤은 체력과 인내력이 중요한 스포츠로 신체적인 조건이 좋고 힘과 속도가 받쳐줘야 좋은 성적을 낼 수 있는데, 지혜가 도움을 줬다는 그의 말은 억지스럽다고 느낀 것이다.

2년 뒤 이탈리아 국제 마라톤 대회에 참가한 야마다 혼이치는 다시 한 번 우승을 차지했다. 기자들이 마라톤 훈련법에 대해 소개해달라고 하자, 평소 어눌하고 말수가 적은 혼이치는 지난번과 같은 대답을 들려주었다.

"지혜가 저를 도왔습니다."

10년 뒤, 혼이치는 자서전을 통해 그때 말했던 지혜가 무엇인지 밝혔다.

'경기가 있을 때마다 나는 차를 타고 마라톤 코스를 자세히 돌아보며 눈에 띄는 표지를 순서대로 그렸다. 예를 들면, 첫 번째 표지는 은행이고 두 번째는 큰 나무, 세 번째는 빨간 집…… 그렇게 코스가 끝날 때까지 그림을 그리는 것이다. 그리고 경기가 시작되면 첫 번째 표지가 나타날 때까지 100미터 달리기의 속도로 뛰었다. 첫 번째 표지를 지나면 다시 비슷한 속도로 두 번째 표지가 나타날 때까지 뛰었다. 그런 식으로 작은 목표를 여러 번 달성하다 보면 쉽게 종점에 도달할 수 있다. 그 방법을 터득하기 전까지는 40여 킬로미터 밖의 결승선에 꽂혀 있는 깃발을 보며 뛰었다. 그러자 10여 킬로미터만 가도 체력이 바닥났고, 멀리 보이는

목표에 두려움을 느꼈다.'

야마다 혼이치의 말은 틀리지 않았다. 많은 심리학자가 실험을 통해 이런 결론을 얻었다. 사람은 명확한 목표가 있을 때 행동하는 데 용이하다. 또한 자신의 행동과 목표를 끊임없이 비교하며 진행 속도와 목표 간의 거리를 조절한다. 그리고 명확한 목표를 달성하기 위해 고난을 극복하고 적극적으로 노력한다.

목표를 달성하는 것은 계단을 오르는 것처럼 한 계단씩 나아가면 된다. 큰 목표는 여러 개의 작은 목표로 나누어 달성한다. 작은 목표를 달성할 때마다 맛보는 '성공의 희열'은 다음 목표로 가기 위한 원동력이 된다.

작은 일에 최선을 다해라

작은 일을 소홀히 하면 큰일을 이룰 수 없을뿐더러
빛 좋은 개살구가 되고 말 것이다.

모든 일에 최선을 다하기란 쉽지 않다. 엄청난 의지와 인내가
필요하기 때문이다. 하루를 최선을 다해 사는 것은 쉽지만, 평생
그렇게 하기란 상당히 어렵다.

인생의 목표는 삶 전체에 영향을 미친다. 우리의 일상은 작은
일들로 이루어진다. 하지만 보잘것없어 보이는 일들이라고 소홀
히 하거나 게으름을 피워서는 안 된다. 성공한 사람들은 자신이
하는 모든 일 중에 단순하고 작은 일은 없다고 여긴다.

미국의 스탠더드 오일의 말단 직원 아치볼드는 출장차 머무르게
된 여관에서 서명을 하고 나서 그 아래 '배럴당 4달러의 스탠더

드 오일'이라고 적었다. 편지를 쓰거나 영수증에 서명할 때도 예외 없이 늘 그 문구를 적었다. 아치볼드는 동료들에게 '배럴당 4달러'라고 불리기 시작했고, 그를 모르는 사람이 없을 정도였다. 록펠러는 아치볼드에 관한 이야기를 듣고 크게 감탄했다.

"말단 직원조차도 회사의 명성을 알리기 위해 노력하는데 나도 본받아야겠군."

그는 아치볼드를 만찬에 초대했다. 록펠러는 그를 보자마자 어떤 작은 일에도 최선을 다하는 사람임을 알아보았다. 훗날, 아치볼드는 록펠러를 이어 스탠더드 오일의 2대 회장이 되었다.

아치볼드가 서명을 한 뒤에 '배럴당 4달러의 스탠더드 오일'이라는 글귀를 적는 것은 아주 작은 일에 불과하다. 하지만 아치볼드는 업무에서뿐 아니라 다른 분야에서도 작은 일에 늘 최선을 다했다. 그를 비웃던 사람들 중에는 그보다 능력이 훨씬 뛰어난 사람도 있을 것이다. 하지만 누구도 예측할 수 없는 자리에 오른 행운아는 아치볼드였다.

자신이 하는 모든 일을 가볍게 여겨서는 안 된다. 가장 기본적인 일부터 최선을 다해 노력하면, 결국 원하던 목표점에 도달할 수 있다. 큰일은 작은 부분으로 이루어진다. 아무리 대작이라도 단어가 하나씩 쌓여 완성된다. 큰일만을 바라며 작은 일은 소홀히 하고 거들떠보지 않는 사람은 큰일도 제대로 하지 못하는 법이다.

동한에 진번이라는 소년이 살았는데 지저분한 집에서 혼자 살았다. 하루는 아버지의 친구 벽근이 소년의 집을 방문했는데 더러운 방을 보고 깜짝 놀라 왜 청소를 하지 않느냐고 물었다. 진번이 말했다.

"천하를 휩쓸어야 할 대장부가 어찌 집에서 청소나 하겠습니까?"

그러자 벽근이 이렇게 반문했다.

"작은 집 하나도 쓸지 못하는데 어찌 천하를 휩쓸겠느냐?"

진번이 청소를 하지 않은 이유는 하찮게 여겼기 때문이다. '천하를 휩쓸겠다'는 포부도 좋지만, 가장 기본적인 '청소'도 제대로 할 줄 모른다면 큰일을 처리할 때도 작은 부분을 소홀히 하여 일을 망치고 말 것이다.

프랑스의 대문호 볼테르는 말했다.

"사람을 힘들게 하는 것은 멀리 있는 산이 아니라 신발 속에 들어 있는 작은 모래 한 알이다."

작은 일이라고 중요하지 않은 것은 아니다. 사소해 보이는 일이라도 제대로 하려면 많은 시간과 노력이 필요하다. 따라서 평소 작은 일에 최선을 다하는 태도를 가져야 한다. 평범하고 작은 일들을 열심히 하다 보면 그것이 쌓이고 쌓여 큰일이 되는 것이다.

'천 리 길도 한 걸음부터 시작된다'고 했다. 매일의 노력 없이는 좋은 기회가 찾아와도 붙잡을 수 없다. 인생은 한 걸음부터 시작되며, 매일이 새롭게 내디뎌야 할 한 걸음이다. 이처럼 성공도 하나씩 쌓아가는 과정이다. 눈앞에 놓인 계단에 집중하고 작은 걸음 하나하나에 최선을 다하자. 그러면 성공의 봉우리에 도달할 것이다.

내일이 보이지 않을 때
당신에게 힘을 주는 책

1판 1쇄 인쇄 2020년 6월 22일
1판 1쇄 발행 2020년 7월 1일

지은이 | 장바이란
옮긴이 | 김정자
펴낸이 | 최윤하
펴낸곳 | 정민미디어
주 소 | (151-834) 서울시 관악구 행운동 1666-45, F
전 화 | 02-888-0991
팩 스 | 02-871-0995
이메일 | pceo@daum.net
홈페이지 | www.hyuneum.com
편 집 | 미토스
표지디자인 | 강희연
본문디자인 | 디자인 [연;우]

ISBN 979-11-86276-87-7 (03320)